Eurus

Notus

川﨑二三彦
Fumihiko Kawasaki

虐待死

なぜ起きるのか、どう防ぐか

Zephyrus

岩波新書
1784

まえがき

「児童の権利に関する条約」が国連で採択されて、今年(二〇一九年)はちょうど三〇周年の記念の年、日本が条約を批准してから数えても二五年の節目に当たる。また、「児童虐待の防止等に関する法律」が制定、施行されたのは二〇〇〇年だから、今年は法律制定から二〇年目を歩んでいることになる。では私たちの社会は、児童虐待問題の解決に向けて着実に前進していると言えるだろうか。

この間、児童虐待対応件数は一貫して増加を続け、それに伴い、児童虐待防止に向けた取り組みは、児童福祉、社会福祉分野はもちろん、保健、医療、教育、司法、矯正、その他、幅広い領域に裾野を広げている。さらに、関連分野だけでなく各界、各層の人たちがこの問題に関心を寄せ、子どもたち誰もが、権利の主体者として「心身の健やかな成長及び発達並びにその自立が図られること」(児童福祉法)を願ってきた。

とはいえ、深刻な虐待によって死亡する子どもは後を絶たず、事件が発生し、報道される度に社会に衝撃を与えている。加えて、社会を震撼させるような事件の陰で、誰にも顧みられることなくひっそりと死んでいく子どもたちもいて、中には虐待死と認識さえされず忘れ去られてしまう命もある。「虐待死」に関する限り、私たちは今なお、大きな課題に直面していると言わざるを得ない。

ところが、こうした虐待死の全体を視野に入れて論じた書物は意外に少ない。センセーショナルな事件については深く掘り下げられることがあっても、虐待死の全体像について、私たちは未だ捉え切れていないのではないだろうか。

本書は、こうした「虐待死」を少しでも減らしたいと考えて発刊するもので、まずは虐待死が歴史的にどのように認識され、取り上げられてきたのかを振り返り(序章)、国や地方自治体の死亡事例検証もふまえつつ、虐待死の全体を俯瞰してその区分仮説を提示する(第1章)。次いで態様ごとの特徴や取り組み上の課題などを検討し(第2、3、4、5章)、最後に虐待死を防ぐために何が必要かを考える(第6章)。

虐待死は、児童虐待全体から見ればごく少数だが、虐待の最も深刻な事象であり、援助の盲点を突き、家族が抱える困難や社会の矛盾を照射する。したがって虐待死を分析、検討することは、児童虐待そのものについての理解を深め、支援のあり方をも示唆しよう。子どもの死を無駄にしないためには、その死から謙虚に学び、次に生かすしかないのである。

なお、本書執筆に当たっては三つの点に留意した。一つは、未来ある子どもの死が私たちの心を激しく揺さぶるからこそ、できる限り冷静な筆致を保つよう心がけた。次に、児童虐待は社会全体で解決すべき問題であることを意識し、幅広い方々に読んでいただけるよう、平易でわかりやすい表現に努めた。最後に、本書で示す数々の事例について。虐待死を克服するためには、一つ一つの事例について具体的で詳細な内容を知ることが不可欠だが、個人を特定する必要はない。そこで、事例は全て匿名とした上で、各種報道や書籍類、あるいは自治体の検証報告、研究論文等で公表されたものを引用、紹介した。ただし、社会的に広く認知された事例と必ずしもそうでない事例があることから、地名や発生年等を示すか否かはまちまちとなった。いずれにせよ、事例は全て、虐待死に対する読者の理解を助けることを唯一の目的として載せていることを、お断りしておきたい。

目　次

序章　社会を揺るがす子どもの虐待死

苦い経験

いきなり私事にわたって恐縮だが、大学を卒業して京都府職員となり、以後三二年間にわたる全ての期間を、私は心理判定員(児童心理司)や児童福祉司として京都府の各児童相談所に勤務した。そして誘われるまま、児童虐待問題にかかる全国的な研修や研究を行う「子どもの虹情報研修センター」(神奈川県横浜市)で働くことを決めたのは二〇〇六年夏のことだ。児童虐待が社会の関心を集め、児童相談所の取り組みも注目されつつあった時期で、そうした関心に応えるべく、私は児童虐待についての基本を示した岩波新書『児童虐待――現場からの提言』を著したところであり、新たな職場で新しい役割を発揮するよう決意したのである。

ところがその直後、京都府長岡京市で三歳男児の虐待死事件が発生した。虐待死といっても暴行によるものではなく、満足な食事を与えられず餓死したネグレクトによる死亡であった。本事例に児童相談所が関与していたことがわかると、当該児童相談所には全国各地から一斉に抗議の電話、ファックス、メールなどが殺到し、その数は瞬く間に一〇〇〇件を超えた。ひっきりなしにかかる電話に当該児童相談所職員だけでは応じきれず、同じ京都府の児童相談所で勤務していた私も、応援のために出向いた記憶がある。

「おまえも一週間食事抜きで暮らしてみろ」

「職務怠慢だ、即刻辞めてしまえ」

「花を手向けたいと言ってるのに、この子の住所も教えてもらえないんですか」

「所長を出せ、所長に直接言わないと気が済まん」

よりにもよって平成の時代に子どもが餓死するという事実を前にして、多くの人が黙っていられなかったのであろう。


この事件に衝撃を受けたのは一般市民に限らない。というより、より深刻に受け止めたのが、「児童を心身ともに健やかに育成する責任を負う」(児童福祉法)国や自治体であった。京都府では、こうした事件を二度と繰り返さぬよう検証委員会が立ち上げられ、私も、児童相談所の現状や課題について、検証委員会から二度にわたってヒアリングを受けた。そして提言がまとめられ、京都府は児童虐待対応にかかる体制の充実、強化に注力したのであった。さらに言えば、事件発生から早くも三カ月後、厚生労働省は本事件も念頭に、「児童虐待により子どもの尊い命が失われるなどの深刻な事件が頻発し」と前置きした上で「児童相談所運営指針」を改正し、全国の児童相談所に対応の強化を求めている。

一つの事件、一つの虐待死が社会を揺るがす姿を渦中で目の当たりにし、命の重みを再確認させられた私は、虐待死をなくすにはどうすればいいのかという問題意識を背負って、横浜にある新たな勤務地に向かったのであった。

　児童虐待について考える上で、また児童虐待対策を考える上で、死亡事例は特別な位置を占めている。今述べたとおり、たった一つの死亡事例が、その後の施策のあり方に大きな影響を与えることもしばしば見られ、時には児童虐待についての社会の認識を変え、時にはソーシャルワークの方法を改めるよう求め、さらには法改正につながることもある。

　とはいえ、児童虐待の存在自体が社会の認知を得るのに多大な時間を要したように、虐待死やその持つ意味を把握し、理解するためには、官民問わず多くの人のさまざまな努力が必要であった。本章では、私たちの社会が死亡事例に対してどのように向き合ってきたのか、また児童虐待対策に対して、死亡事例がどのような影響を与えてきたのか、戦後の歴史をさかのぼって振り返っておきたい。

寿産院赤ちゃん大量殺人事件

　最初に報告するのは、「寿《ことぶき》産院事件」として知られる赤ちゃんの大量殺人事件である。時は折しも、児童福祉法が施行された一九四八年一月。助産婦の院長と元警官の夫婦が、貰《もら》い子を次々に死亡させた疑いで逮捕されたのである。彼らは戦中の一九四四年頃から、養育費を取って多数の赤ちゃんを貰い受けながら、食事も与えず餓死や凍死させていた。一説によれば、貰い子の数は二〇四人、死亡した子どもは一〇三人にのぼったという。夫婦は、配給されたミルクや砂糖もヤミで売って大儲けしていた。

実は、こうした貰い子殺しは、戦前においては決して珍しいものではなかった。一九三〇年には、東京の板橋で六人の住民が計三三人の子を貰い、一名を除いて全員が「変死」したとされる「岩の坂貰い子殺し事件」が発覚しているし、(戦前の)児童虐待防止法が制定された一九三三年には、五年前に貰い子殺しで有罪を宣告された男が、再び貰い子殺しで逮捕されている。彼は、主人が女中に産ませた子や職業婦人の赤ん坊を、産婆から一人数十円をつけて貰い受け、二五人を殺したのであった。

それはさておき、『厚生省五十年史』(厚生省五十年史編集委員会編、厚生問題研究会、一九八八年)によれば、「寿産院事件を契機に、「児童福祉施設最低基準」が制定、施行された」という。新しく制定された憲法が基本的人権の尊重を掲げ、「すべて児童は、ひとしくその生活を保障され、愛護されなければならない」(制定時)と謳った児童福祉法施行直後の事件として、やはり、当時の社会を揺るがすものだったのであろう。ただし、こうした大量の貰い子殺し事件は本件を最後に見当たらない。こと貰い子殺しに関しては、戦後の社会情勢の変化などもあって犯罪の基盤そのものが突き崩され、私たちの社会はそれを克服したものと言えよう。

表 0-1　1973 年度における 3 歳未満児の殺害事件

分類名	定義	被害児数	加害者数
殺害遺棄	殺害して死体を遺棄	135	137
殺害	殺害のみ	51	54
心中	親子心中等の自殺の道連れ	65	67
計		251	258

出典：厚生省児童家庭局育成課「児童の虐待，遺棄，殺害事件に関する調査結果」(1974 年)

戦後初の「子殺し」調査

もちろん、それで子どもの虐待死がなくなったわけではない。戦後における子どもの虐待死に関する初の全国的な調査は、厚生省児童家庭局育成課(当時)が一九七四年に報告したものであろう。公表された「児童の虐待、遺棄、殺害事件に関する調査結果」によると、調査対象は「昭和四十八年度中に児童相談所が受理した三歳未満児に対する虐待、遺棄のケース並びに各児童相談所管内で発生した三歳未満児の殺害事件のケース」とされており、児童相談所が調査票に必要事項を記載し、厚生省が集計を行っている。

なお、「殺害事件」とは「三歳未満の児童が殺害されるか、または、殺害されようとしたもの」と定義されており、それを表0－1のように区分けして分類・集計している。本調査結果によると、一九七三年度一年間に殺害された三歳未満の児童は二五一人。加害者は、殺害遺棄の事例では不明が多いものの(七九人)、全体では実母一四四人、実父二八人となっていて(加害者数が被害児数を上回るのは父母がともに加害者となっている場合があるため)、圧倒的多数は父母によるものであった。

もともと一九七〇年代前半は、「コインロッカーベイビー事件」が社会的な関心を呼んだ時期であった。一九六四年一二月に、日本初のコインロッカーが新宿駅地下に設置され、各地で普及するようになると、それが、嬰児死体を遺棄する恰好の場所として利用されたのである。マスコミ等が注目するようになった発端は、一九七〇年二月、東京都渋谷区の東急デパートに設置されたコインロッカーで生後間もない女児の死体が発見されたことだ(新聞報道によれば、本件の容疑者は、別件で指名手配されていた二二歳の女性とされている)。そして七月には、東武鉄道浅草駅のコインロッカーでも風呂敷に包まれた男児の嬰児死体が発見され、以後、同様の事件が七一年三件、七二年八件、そして七三年には四六件と急増する。厚生省が三歳未満児に限定して調査を行ったのも、こうした社会情勢をふまえ、乳幼児の殺害事件の実態を明らかにする必要があったからであろう。

一九七〇年代は、コインロッカーベイビー事件にとどまらず「子殺し」の報道が多くなされた時代であったが、こうした事象は、「女性犯罪」「母性喪失の時代」といった論点で取り上げられることが多く、死亡した子どもの立場に立った論考、児童虐待といった観点からの見解はほとんど見当たらない。厚生省の調査自体が、殺害事件とは別に「虐待」という項目を設定しており(該当事例は二四件)、本調査をふまえて児童虐待対策が始まることはなく、児童虐待に対する社会的関心が高まることもなかった。そもそも厚生省の調査自体もこの年限りで終わり、以後、同種の調査は行われていない。

児童相談所の現場では

ただし、社会的関心の有無とは別に、子どもや家庭からのさまざまな相談に応じている児童相談所にあっては、しばしば深刻な虐待事例に直面し、苦慮していた。そうした状況の一端を明らかにしたのが、大阪市中央児童相談所(当時)が一九八九年六月に発刊した『紀要——特集 児童虐待の処遇について』である。当時は児童虐待の統計すらなかったが、過去二〇年間に、虐待その他により児童の福祉を著しく害することから児童福祉施設への入所等が必要であるにもかかわらず、保護者が反対するため家庭裁判所に入所等の承認を求めて申し立てた一三件の事例に加え、援助の過程で死亡した三事例を取り上げ、「このようなケースを勇気をもって提示し、個々の事例の背景や具体的対処の実情、あるいはその問題点等」を振り返り、「児童虐待ケース処遇における検討課題」を提示したのであった。

本報告によれば、「虐待死した事例は、ともに乳児期に親子分離の経験をもち、後に引き取りとなった乳幼児」であり、「施設から家庭に引き取られた直後から虐待が始まって」いたという。そのうち二事例は、「強引な引取りであったとは言えるが、こうした不幸な結果を予測できなかった、児相の見通しの甘さがあったことは否定できない」と総括されている。

すでに三〇年以上前の事例ではあるが、現在の課題を考える上でも貴重なものと言えるので、簡単に紹介しておこう。

その一つ、家庭引取り後に児童相談所が取り扱うことになった事例は、「機関連携がいかに重要で、かつその迅速性が求められているかを示唆している」「長期間面会のなかった父母の強引な引取りであり、虐待事実が判明した時点で、速やかに児相間の連携がすすめられるべきであったし、警察の協力も遅きに失した感がある」とされている。

また、施設から連れ出したまま死に至らしめた事例は、「面会を繰り返すなど施設の指導に従っていただけに、虐待死を予測することは困難であったかもしれない。暴力的な親の強引な引取り要求に対して、細心の配慮で臨み、親子関係の改善を目指してきた施設関係者の落胆は計り知れないが、こういったもともと関わりが望ましくない親についての対策は、今後法的にも実務的にも具体的対応の検討が急がれよう」と結論づけている。

最後は、家庭引取り後の虐待に児童相談所が関わりながらも死亡した事例。「(本事例は)被虐待児処遇が一時的な親の改心で解決するものではなく、根の深い決して侮れないものであることを如実に語っている。親が引取るという常識的な安心感があったろうが、引取りについて様々な不安を訴えていた母をサポートし、父や親族に働きかけるなど、ケースワーク機能を充分発揮していたなら、別の展開にならなかったであろうか」と振り返っている。

虐待統計すらなかった時代、一冊の紀要全部を児童虐待の特集に当て、思い出すだに苦しいはずの虐待死事例を取り上げて総括し、次に生かそうとしているのだから尊敬に値する。実は私は、本紀要の編纂に携わった津崎哲郎氏にインタビューしたことがある。彼は、当時を思い出して次のように述懐した。

「この冊子はすごい反響がありましてね。全国の児童相談所から送ってほしいという要望が続いて、急遽増刷したんです」(川﨑二三彦・鈴木崇之編著『日本の児童相談――先達に学ぶ援助の技』明石書店、二〇一〇年)

驚いた。行政機関が発刊するこうした冊子が増刷されることなど、ほとんどないからだ。しかしあらためて考えると、この紀要が発刊された頃というのは、私自身、新人の児童福祉司として初めて虐待通告を受け、まさに命が危ぶまれるような事例への対応に暗中模索、四苦八苦していた時期であった。つまり、児童虐待、虐待死の問題は、社会の誰にも知られず、関心が寄せられることがなかったとしても、全国各地の児童相談所は困難な課題として認識し苦闘を続けていた。だからこそ大阪市中央児童相談所の紀要は、それに応える貴重な冊子として増刷され、多くの児童相談所が参考としたのではないだろうか。

だが、このような取り組みも注目を集めることはなく、虐待死は依然として社会の片隅に埋もれたままなのであった。

見えなかった死

ところで、大阪市中央児童相談所が先の紀要を発刊した一九八九年は、児童虐待問題を考える上では重要な年であった。というのも、「まえがき」でも記したとおり、第四四回国連総会で「児童の権利に関する条約」が採択され、その第一九条第一項で「締約国は、児童が父母、法定保護者又は児童を監護する他の者による監護を受けている間において、あらゆる形態の身体的若しくは精神的な暴力、傷害若しくは虐待、放置若しくは怠慢な取扱い、不当な取扱い又は搾取(性的虐待を含む。)からその児童を保護するためすべての適当な立法上、行政上、社会上及び教育上の措置をとる」と明記したからである。こうした情勢も影響してのことであろう、わが国においても、一九九〇年代は児童虐待が社会の大きな関心を集める幕開けの時代となった。厚生省(当時)は、一九九〇年度から児童相談所における児童虐待の統計を取り始め、同年、大阪では「児童虐待防止協会」が立ち上げられて電話相談を開始、東京でも翌一九九一年に「子どもの虐待防止センター」が設立され、やはり電話相談などの活動を始めている。

こうしたさまざまな取り組みによって児童虐待が社会の関心を集めるようになると、それに伴って「虐待による死亡」も注目されるようになる。以下、一九九〇年代に取り組まれた、虐待死にかかわるいくつかの例を紹介したい。

最初に取り上げるのは、CAPNA（子どもの虐待防止ネットワーク・あいち）による子どもの虐待死データの収集である。一九九八年一〇月に発刊された『見えなかった死――子ども虐待データブック』（キャプナ出版）の冒頭には、「それにしても最近、虐待で死ぬ子が多くないか？」という声がCAPNAメンバーの間で上がり、あらゆる資料を調べてみたのだが、「虐待死」の公式統計を見つけることができなかった旨が記載されている。

「交通死亡事故ならば、毎年、綿密なデータが積み上げられ、それをもとにして道路施設の改善、法規の改正、ドライバーの啓発などの対策が打ち出されている。しかし、子ども虐待をめぐる問題にはそれがない」

「警察庁の犯罪統計を調べても、殺人、嬰児殺人、傷害致死、保護責任者遺棄致死、重過失致死など、さまざまな罪名が付けられる事件を「虐待死」という観点から横断的にまとめる発想はない」

「しかも、せっかん死や無理心中、赤ちゃん殺人事件などは、特異なものでなければ、全国規模で報道されることはないし、その事件の背景が検証されることもめったにない。まさに「見えない死」だった」

これが、当時の社会の認識だったと言えよう。『見えなかった死』という冊子のタイトルは、こうした事情をふまえて決められたものだ。CAPNAは、全国紙のデータベースを検索したり、新聞の縮刷版のページをめくるなど苦労して本書をまとめているが、末尾には、「CAPNAからのお願い」と題し、「皆様の地元の新聞に報じられた小さな事件の記事を、ぜひファクスでお送りください」とのメッセージが載せられていた。当時、虐待死の事実を把握するだけでも困難だったことを物語るものと言えよう。ちなみに、こうした協力も得ながら集められた子どもの死亡人数は、一九九五年から九九年までの五年間で、せっかん死一一二人、ネグレクト一〇八人、発作的殺人六七人、無理心中二五八人、その他七人で、合計すると五五二人。つまり、年平均一〇〇人あまりの子どもが虐待によって死亡していたことになる。なお、本冊子は、児童虐待問題を討議する「衆議院青少年問題に関する特別委員会」(一九九九年七月二二日)に参考人として出席したCAPNA代表(当時)の故祖父江文宏氏によって紹介もされている。

殺さないで

CAPNAがこうした調査を行い、『見えなかった死』を出版したのと奇しくも同じ一九九八年一〇月、毎日新聞は、児童虐待取材班による「殺さないで――児童虐待という犯罪」という連載を始める。後にまとめられた同名の書籍(中央法規出版、二〇〇二年)には、この当時の事情が次のように述べられていた。

「当時はまだ児童虐待がそれほど騒がれていなかった。陰惨な虐待事件は頻繁に起きていたが、新聞やテレビが大きく取り上げることは決して多くはなかった。もともと「法は家庭に入らず」の考えが根強い日本社会では、親による子どもへの体罰や暴力を「犯罪」とみることに消極的である。警察庁の犯罪統計にも「児童虐待」の項目はなかった」

そのため、連載は「当時起こった虐待事件のうち新聞の小さなベタ記事をもう一度取材し直すことから始めた」という。ちなみに、児童相談所における虐待対応件数は、統計を取り始めた一九九〇年度が一一〇一件だったところ、一九九八年度は五三五二件。かなりの増加を示してはいたものの、未だ社会全体の耳目を集めるまでには至ってなかった。

このような中で、毎日新聞が最初に取り上げた記事は、この年一月、埼玉県で発生した内縁男性と実母による六歳男児に対する虐待死事件であった。裁判では、はだかで雪の上に寝かせられた被害児の後ろで母がVサインをしている写真が示された。他にも「新聞やテレビでは報道されない残酷な実態」が続々と姿を現すと、連載が始まった途端、「全国から反響が殺到」する。

たとえば、高校三年生の男子生徒は、次のような手紙を書いてきたという。

「生まれて初めて新聞を見て怒りを感じ、ショックを受けました。〝なんで〟〝なんてことするんだ〟という思いが何度も頭の中を駆けめぐりました。一度はかわいそうで読むのをやめようと思い、もう一度読み直しました。読み終わった時には目に涙が浮かんでいました。なぜ、今の日本はこうなったのですか」

匿名の手紙もあった。

「朝、職場にて新聞を読みました。私にも、同じ五歳の息子がおります。愛されることが当然と信じて生きてきたわが子と同じ五年間を、彼はどんな思いで生きてきたかと考えたら、震えと涙が止まりません。「何度も踏みつけられ絶命した。小さな目は開いたままだった」。このセンテンスは、私の頭から生涯離れることはありません。こんな恐ろしい文章がありますか? 子どもに会いたくてたまらない。今日は、仕事にならなくなりました」

本連載は、「衆議院青少年問題に関する特別委員会」でも取り上げられ(一九九九年七月二二日)、肥田美代子議員が、次のように発言している。

「この記事を読みまして、私は本当に胸が痛くなりました。六歳の子供が裸のまま雪に埋められて死なされた例でありますとか、体を踏みつけられて目を開いたまま絶命した例など、本当に胸を刺されるような記事が続きまして、今なお、思い出しましても、やはり読むのがつらかったという印象を持ちます。この記事を読みながら、実は、これまでの虐待の概念で十分だろうか、そういう疑問が出てまいりました」

なお、本書には、毎日新聞取材班が一九九七年一月以降の約二年間に起きた児童虐待事件を洗い出したところ、「五七人もの乳幼児・子どもが死んでいたことがわかった」と記載されており、同じ新聞報道を元にしたデータでありながら、ＣＡＰＮＡによる調査とは件数にかなりの開きがある。この点につきＣＡＰＮＡの祖父江らは、「九九年に発行された厚生省のマニュアル『子ども虐待対応の手引き』では、無理心中、発作的殺人、産み捨ては児童虐待として規定されていない。しかし、筆者らは無理心中や発作的殺人、産み捨ても虐待死の概念に含めるべきだと考える。なぜなら、これらの行為は「子どもの未来の可能性を摘み取る殺人行為」だからである」（「子ども虐待死に関する統計的基礎研究――過去五年間に新聞報道された事件から読み取れる傾向と課題」『安田生命社会事業団研究助成論文集』第三五号、一九九九年）としており、捉え方の違いがこうした数値に表れた可能性がある。換言すれば、この当時、何を虐待とし、また虐待死とするかについての社会的合意が得られてなかったものと言えよう。

厚生省が虐待死の実情を初めて公表

こうした社会の動向も背景に、厚生省（当時）は一九九九年一一月、「児童相談所における児童虐待相談の処理状況報告」の中で初めて、「児童相談所が、関与しているか、または、関与していた」死亡事例についてまとめ、一九九七年度には一五件一五人、一九九八年度では八件八人あったと公表した。また、二〇〇一年一一月の報道発表でも同様の数値を示し、一九九九年度が五件、児童虐待防止法が制定、施行された二〇〇〇年度は一一件だったとしている。なお、九八年度の八件については、全事例についてその概要を紹介していた。

たとえば、二カ月ぐらい前からタバコによる火傷痕や顔面に打撲傷があるとして通告された三歳女児の事例。父母と女児及び弟の四人家族だったが、児童相談所はその日のうちに女児が通う保育所に電話で状況を聞き取り、後日保育所長とも面接し、保健所と今後の指導方針について協議するなど周辺情報の収集を行っていた。そのさなか、女児は急性腹膜炎（胃破裂）で死亡したのであった。

あるいは次の事例。無職の父と夜間スナック勤めをしている母に育てられている二歳の女児の三人家族だが、父親は通勤圏内に適当な仕事がなく、出稼ぎするので女児をしばらく施設に預かってほしいと希望した。そこで、児童相談所は入所施設を当たるなど調査した上で連絡することにした。ところが、翌日には母親から「さびしいので、子どもと離れたくない」「施設入所を取りやめたい」との電話があった。それを受けて児童相談所は、「困った時はいつでも相談に応じますよ」と返事して相談を終結したのだが、その後事件が発生した。寝かせようとした女児が泣きじゃくったことに腹を立てた父親が、頭部を強くつかんで布団に押し倒し、硬膜下出血で死亡させたのである。

なお、厚生省はこれら以外の、つまり児童相談所が関与していなかった虐待死事件も、一九九八年度には二八件三三人あったと発表している。内容的には「日常的虐待」が二件二人、「突発的殴打等（心中を含む）」が一五件一八人、「食事不与・溺死等」が六件八人、「揺さぶり症候群の疑い」が一件一人、「置き去り、車内放置」が四件四人であった。ただし、二〇〇一年の報道発表では「児童相談所の関与があった死亡事例」のみが示されている。こうしてみると、厚生省の問題意識は、専門機関である児童相談所が関わっていながら、なぜ虐待死を防ぎ得なかったのかという点に置かれていたように思われる。

それはさておき、先の毎日新聞児童虐待取材班は、二年以上にわたって随時掲載されたこのシリーズが、「国会での児童虐待防止法成立の大きな原動力になったと思う」と自己評価している。この頃になると他のマスコミも虐待死を取り上げるようになっていたので、毎日新聞の連載だけが法律制定に影響したわけではあるまいが、メディアが悲惨な虐待死の実態を報道し、虐待件数自体も増加していく中で社会の関心が高まり、それらが相俟って児童虐待の防止等に関する法律（以下、児童虐待防止法）の制定につながったものと思われる。

そして虐待死は、児童虐待防止法の制定、施行後も、虐待件数の急増とともに、わが国の児童虐待対策に大きな影響を及ぼしていく。

第1章　虐待死の検証

「実態が把握しにくいということでございます」

序章で見たように、虐待死の問題は、おもに民間団体やマスコミ等によって徐々に社会的関心が喚起されるようになった。では、政府はこの当時、虐待死の実態についてどのように把握していたのか。一九九九年七月二九日の「衆議院青少年問題に関する特別委員会」では、次のような質疑が行われた。

○一川委員　虐待によって死亡した事例、そういうもののデータというのは、厚生省サイドとして今現在正式に発表されているのは幾つかあると思いますけれども、もう一度ここで発生件数を説明していただきたいと思います。

○横田（吉）政府委員　虐待によって死亡した児童数ということでございますが、児童相談所に相談がありまして死亡した事例につきましては、（平成）九年度中に発生した件数で申しますと十五件ということでございます。

このほか、相談がないまま死亡したというケースもあろうかと思いますけれども、これにつきましてはなかなか実態が把握しにくいということでございますが、一つの報告といたしましでは、(中略)全国の法医学教室において解剖した子供の死亡事例から調査したものでございますが、これによりますと、(平成)四年から八年の五年間で、確実にそうだと言えるものが二百四十五件、疑いまで含めますと三百二十八件、年間大体五、六十件というような数値が出ております。

また、民間団体の、子どもの虐待防止ネットワーク・あいちというところが、全国の新聞等に掲載されました記事等をもとに調査したものがございます。これにつきましては、無理心中とか発作的殺人というものも含みますけれども、平成十年度で百三十一件というような数字が出ております。

それから、このほかに、私ども厚生省の人口統計というものがございまして、死因統計別に十五歳未満の死亡数ということで見ますと、これは必ずしも全部虐待かどうか、加害に基づく傷害及び死亡という死因に基づくものでございますが、(平成)九年度で百十四件というような数字が出ているところでございます。

この答弁を受けて一川委員は、「非常に数がまちまちである」「もっとそのあたりを正確に把握された上で、なぜそういうふうに至ったか」原因を分析することが非常に大事だと指摘した。

児童虐待防止法はこの質疑があった翌年の二〇〇〇年に制定されるが、立法事実として急増著しい児童虐待対応件数が明らかにされているのと違い、虐待死は必ずしもその実態が明確であったとは言えず、個々の事例の深刻さが語られ、異なるいくつかの数値が取り上げられる形で法制定に影響を与えたものと言えよう。

国による初めての死亡事例検証

では、わが国には児童虐待によって死亡する子どもが何人いて、その実情は一体どのようなものであったのか。それを示すためには、児童虐待防止法の第一次改正が議論されていた二〇〇四年まで待たなければならない。この年二月、厚生労働省は、児童虐待防止法施行日(二〇〇〇年一一月二〇日)から二〇〇三年六月末まで二年七カ月あまりの期間に新聞報道や都道府県・指定都市の報告により把握した児童虐待による死亡数を公表した。「児童虐待死亡事例の検証と今後の虐待防止対策について」と題する報告だが、国による死亡事例検証の先駆けとなるものであり、以後の死亡事例検証にも大きな影響を及ぼしていると思われるので、少し詳しく見ておこう。

まず明らかとなったのは、この間に一二五事例一二七人(年平均で約五〇人)が児童虐待による死亡として把握されたことだ。年齢的には就学前の児童が約九割、なかでも〇歳児が四割近くを占め(表1-1)、〇歳児の半数が生後四カ月未満であった。また、加害者の過半数は実母であり、次いで実父、そして内縁関係にある者が続いていた(表1-2)。

表1-1　死亡した児童の年齢別人数

年齢	0	1	2	3	4	5	6	7	8	9	10	11	12	13	14	15以上	計
人数	48	20	16	16	7	4	5	3	3	0	3	1	0	0	1	0	127

出典：厚生労働省「児童虐待死亡事例の検証と今後の虐待防止対策について」(2004年)

表1-2　加害者の続柄

虐待者	実母	実父	養母	養父	内縁関係	その他	合計
人数	77	26	2	7	22	9	143

注：表1-1，1-2とも2000年11月20日〜2003年6月末の集計．
出典：同上

この調査では、事例を以下のように五分類した上で、検討を加えている。

A　児童相談所が関わっていた事例……二四事例(一九・二％)
　この中には、虐待以外の相談で関わった事例も含まれている。

B　関係機関が虐待やその疑いを認識しながらも、児童相談所へ通告されないなど関係機関の連携が不十分であった事例……六事例(四・八％)

C　関係機関が家庭に対して、養育力の不足している家庭として支援はしていたものの、虐待に至る可能性があるとの認識がなかった事例……五六事例(四四・八％)

D　健康診査受診や保育所等の通所をしていたものの、その時点では明らかな問題が表出されておらず、養育支援を要する家庭として把握できなかった事例……二二事例(一七・六％)

E　関係機関がまったく接点をもちえなかった事例……一七

事例（一三・六％）

本報告は、児童相談所をはじめとする関係各機関がどのように関わっていたかを基準に分類していることが特徴であろう。その上で、当該自治体が整理した課題や問題点、また改善策などを紹介し、厚生労働省としての今後の対策を示していた。トピック的にそれらのいくつかを紹介しよう。

○新任児童相談所長の研修受講義務化

対策の最初に登場するのは、児童相談所の体制強化であった。人員配置の充実や組織的対応を求めつつ、「最終責任者たる児童相談所長の責任の重さにかんがみ、新任児童相談所長の研修参加を義務付けること」を考えていると述べている。この点は、同年に改正された児童福祉法で規定され、実施に移される。研修実施の方法や内容については、「日本虐待・思春期問題情報研修センター（子どもの虹情報研修センター）」の名を挙げ、「単に技術的な研修のみならず基本的な意識の持ちようなどについても、研修の実施を行っていきたい」としている。

まさか、後に私が「子どもの虹情報研修センター」（以下、虹センター）で勤務するなど考え及びもしなかったが、そもそも虹センターは、児童虐待防止法第四条第二項で「国及び地方公共団体は、児童虐待を受けた児童に対し専門的知識に基づく適切な保護を行うことができるよう、児童相談所等関係機関の職員の人材の確保及び資質の向上を図るため、研修等必要な措置を講ずるものとする」（制定時）とされたことをふまえ、厚生労働省や横浜市の協力を得て二〇〇二年四月に開設されたばかり。早速、虹センターが活用されたもので、義務化された児童相談所長の研修は、以後もずっと虹センターで担っている。

なお、本報告の翌年（二〇〇五年）に改正された「児童相談所運営指針」には、次のような一節が加えられた。

「所長は、子どもの権利を守る最後の砦として一時保護や親子分離といった強力な行政権限が与えられた行政機関である児童相談所の責任者であり、その判断は、これを誤れば、子どもの命が奪われることにもつながりかねない極めて重大なものである。所長は、こうした極めて重大な権限行使の最終的判断を担うという職責の重大性を常に意識し、業務に従事することが必要である」

虐待死をなくしていくために、まずは児童相談所が関与している事例だけでも防ぎたいとの決意の表れだったのかもしれない。

○要保護児童対策地域協議会の設置

さて、本調査における虐待死の中で最も多かったのは、関係機関が家庭の養育力不足を認識しながら虐待(虐待死)を予想し得なかった事例である。この点も考慮されてのことだろう、次のような認識とそれに基づく対策が示された。

「本調査において、虐待通告が徹底されなかった事例や、ある機関での接点があったが、そこに情報が留まっていたため、養育支援が必要な家庭であるにもかかわらず、手厚い支援が必要である家庭との認識につながらなかった事例がみられた。複数機関での関わりがあれば、より多くの異なった視点から養育支援が必要な要素を認識し、未然に防ぐことができた可能性も考えられる。/そのため、家庭の状況を把握しやすく家庭の支援に対し迅速に対応することができる、住民に最も身近な市町村において、子ども・家庭に関わる多くの機関が参加した要保護児童対策地域協議会を構築することが一つの有効な手段と考えられる」

この点についても、同年の児童福祉法改正で「要保護児童対策地域協議会」が法定化され、現在では全国の市区町村の九九%以上で協議会が設置されている。つまり、協議会を活用して児童虐待への対応を行うことが、わが国の標準スタイルとなっているのである。

なお、この調査では、転居後に事件に至った事例が二七事例あったとして、転居前後の自治体の連携、継続支援の必要性が指摘されていた。

○児童虐待防止推進月間による啓発

また、事前に関係機関による接点がなかった事例をふまえ、「一般の人々への児童虐待への関心を高めることが主たる対策となる」として、取り組みの一つに「児童虐待防止推進月間」を設けることが挙げられた。これを受けて厚生労働省、内閣府は、児童虐待防止法が施行された一一月を「児童虐待防止推進月間」と位置づけ、早くもこの年から集中的な広報・啓発活動が行われるようになった。

これらの施策が死亡事例の教訓のみによって生まれたわけではないだろうが、現在取り組まれているさまざまな施策の多くが、この時の死亡事例検証から導き出されていることがうかがえよう。

児童虐待等要保護事例の検証に関する専門委員会

このようにして、厚生労働省が自ら調査、検証を行っていたのと同じ頃、大阪府で、いわゆる「岸和田事件」が発生、発覚する。事件の概要は以下のとおり。

二〇〇三年一一月、消防署に一一九番通報があり、中学三年生の男児(一五歳)が病院に緊急搬送された。身体は痩せこけ、顔は蒼白、目は見開いたまま呼びかけにも応じず、体中に床ずれがあった。不審に思った救急隊長が警察に通報、診察した医師は「飢餓の最終段階と考えられる。最低でも三カ月は食事を与えられていなかったのではないか」との見解を示し、二〇〇四年一月、実父と継母(内縁)が殺人未遂容疑で逮捕されたものだ。本件では当該児童の死亡こそ避けられたものの、長期のネグレクトで意識不明の重体となったこと、中学生であっても虐待から逃れられなかったこと、児童相談所や学校が虐待を疑う情報を得ていたにもかかわらず事件を未然に防げなかったことなどが重なって、事件が明るみに出るとマスコミは連日報道を繰り返し、日本中に大きな衝撃を与えたのであった。折しも児童虐待防止法第一次改正の議論のさなかであり、この時の改正で、以下に示す第四条第五項が新設された。

「国及び地方公共団体は、児童虐待の予防及び早期発見のための方策、児童虐待を受けた児童のケア並びに児童虐待を行った保護者の指導及び支援のあり方、学校の教職員及び児童福祉施設の職員が児童虐待の防止に果たすべき役割その他児童虐待の防止等のために必要な事項についての調査研究及び検証を行うものとする」

これを受けて、社会保障審議会児童部会の下に「児童虐待等要保護事例の検証に関する専門委員会」(以下、専門委員会)が設置され、死亡事例の検証が本格的に始まった。この点につき、専門委員会は第一次報告の中で、設置趣旨について次のように述べている。

「児童虐待による死亡事例が依然として後をたたない。子ども一人ひとりの死を我々が重く受け止め、こうした子どもの死を決して無駄にすることなく、今後の事件の再発を防止することは、社会全体の責務である。そのためには、これらの事例について子どもの死亡という最悪の結果に

表 1-3　専門委員会が報告した死亡事例数と被害児童数

		第1次	第2次	第3次	第4次	第5次	第6次	第7次	第8次	第9次	第10次	第11次	第12次	第13次	第14次	計
心中以外の虐待死	例数	24	48	51	52	73	64	47	45	56	49	36	43	48	49	685
	人数	25	50	56	61	78	67	49	51	58	51	36	44	52	49	727
心中による虐待死	例数	—	5	19	48	42	43	30	37	29	29	27	21	24	18	372
	人数	—	8	30	65	64	61	39	47	41	39	33	27	32	28	514

注：調査対象期間は，第 1 次が 2003 年 7〜12 月の半年間，第 2 次は 2004 年 1〜12 月の 1 年間，以下，第 3 次は 2005 年，第 4 次は 2006 年の 1 年間となっており，第 5 次は，2007 年 1 月〜2008 年 3 月の 1 年 3 カ月．第 6 次以降は全て 4〜3 月までの各年度が対象となっている．
出典：専門委員会「子ども虐待による死亡事例等の検証結果等について」(第 1〜14 次報告)

至る前にこれを防ぐ手立てがなかったのか、どのような対応をとるべきであったのか、さらに今後どのような対策を強化・推進する必要があるのかを検証することが不可欠である。また、平成一六年四月に改正され、同年一〇月に施行された児童虐待の防止等に関する法律の一部を改正する法律において、新たに第四条第五項が設けられ、国及び地方公共団体の責務として、「児童虐待の防止等のために必要な事項についての調査研究及び検証を行う」ことが明確にされたところである。／こうした状況を踏まえ、社会保障審議会児童部会の下に「児童虐待等要保護事例の検証に関する専門委員会」が設置された」

　専門委員会は、さまざまな専門分野の有識者で構成され、全国の児童虐待による死亡事例等を分析・検証し、関係機関が認識すべき課題などを取りまとめ、制度やその運用についての改善を促している。本書発刊時点で一四次にわたる報告書が公表されているが、虐待によって死亡した児童数は、第一次から数えてすでに一〇〇〇人を大きく上回っている(表1－3)。

チャイルド・デス・レビュー

だが、専門委員会が虐待による死亡の全てを捕捉《ほそく》しているわけではない。これまで、虐待死が疑われる事例であっても、自治体が虐待死と断定しなければ計上されなかったからだ。そこで、第一三次報告から統計のあり方を変更し、疑義事例を件数に加えるようになった。その点につき、第一三次報告は次のように説明する。

平成二八年三月一〇日の社会保障審議会児童部会「新たな子ども家庭福祉のあり方に関する専門委員会報告(提言)」では、「「防げる死」としての子ども虐待、事故、自殺による死亡から子どもを守ることは子どもの権利保障として重要であり、亡くなった子どもの死を検証し、それを子どもの福祉に活かすことは、子どもの権利保障を行う大人の義務でもある。そのため死亡事例や重大事例の検証は欠かせない。現に、これまでの死亡事例検証により多くのことが明らかになり、施策に繫がってきた。しかし、これまでの死亡事例検証は子ども虐待による死亡を見逃している可能性を否定できない」との提言があった。

自治体が虐待による死亡であると断定ができないと判断した事例は、例えば以下のような、
・虐待はあったが、司法解剖等の結果、傷害と死亡の明らかな因果関係はないと判断された事例
・虐待死の可能性があるとして保護者が逮捕されたが、不起訴（嫌疑不十分等）となった事例
・病院から「虐待」として通告があったが、警察は「事件性なし」として取り扱った事例
・ネグレクトであるとの判断が難しい事例
等が考えられる。
このような死亡事例についても同様に検証し、問題点や課題を明らかにするとともに、今後の改善策を講じるため、本報告書より疑義事例として取り上げることとした。

こう述べて、第一三次報告は「心中以外の虐待死」で八事例八人を疑義事例と認め、第一四次報告も、「心中以外の虐待死」で一八事例一八人、「心中による虐待死」で二事例三人を疑義事例と認め、それぞれ内数として計上している。つまり私たちは、まだ多くの虐待死を、それと知らずに事故死等として見過ごしている可能性が高いと言わざるを得ない。

こうした状況に鑑み、虐待死をもれなく拾い、防止策を検討するために必要とされているのが「チャイルド・デス・レビュー」（以下、ＣＤＲ）である。ＣＤＲは子どもの死亡登録、検証制度で

あり、諸外国では法制度が整備され、成果を上げているという。その目的は、子どもの死亡原因や死亡の状況を詳細に検討し、予防できる死をなくすための対策を見いだすことだ。ちなみに、アメリカでは早くも一九七八年にロサンゼルスで創設されているが、制度を広げるきっかけとなったのは一九九三年のミズーリ州からの報告だという。そこでは死亡した五歳未満の子ども三八四人の検討がなされ、約三割にあたる一二一人が虐待による死亡と確認された。ところが、死亡診断書に虐待と記載された人数はその半数に満たず、事件として起訴されたのはわずか一人。こうした結果から子どもの死亡事例検証の必要性がクローズアップされ、今では、アメリカの全ての州でCDRが行われ、一八歳未満の全ての死亡の検討が義務付けられている。

一方、わが国においては、二〇一八年一二月、議員立法で提出された「成育過程にある者及びその保護者並びに妊産婦に対し必要な成育医療等を切れ目なく提供するための施策の総合的な推進に関する法律案（成育基本法案）」が全会一致で可決、成立し、その第一五条第二項は次のように規定されている。

「国及び地方公共団体は、成育過程にある者が死亡した場合におけるその死亡の原因に関する情報に関し、その収集、管理、活用等に関する体制の整備、データベースの整備その他の必要な施策を講ずるものとする」

CDR制度そのものの創設が約束されたわけではないが、その第一歩となり得るものとして評価できよう。今後、事故や虐待などで亡くなった子どもの死因を公的機関が検証し、真相究明や再発防止につなげる体制が整備されていけば、虐待死のより正確な実態が明らかとなり、虐待死克服の道を示すことも期待できるのではないだろうか。

次第に詳しくなる専門委員会の調査

それはさておき、専門委員会は、その時々に発生した深刻な事例、社会を揺るがした事例などもふまえ、虐待死のさまざまな面に着目し、その都度新たな調査項目を付け加えていった。そのため、報告書の分量も次第に増え、第一次報告書が全体で一六ページだったところ、第一二次以降は二五〇ページを超えるような分厚い報告書になっている。

表1-4は第一四次報告における調査項目の見出しだが、ざっと眺めてみても、知りたいと思う項目がほぼ全て網羅されているのではないだろうか。専門委員会は、これらの項目ごとにさらに細かな設問を設けて調査票を作成し、事例が発生した自治体は、一事例ごと全ての設問に回答する。それらを専門委員会が集計し、まとめたものが報告書となって公表されるのである。このようにして分析を続けていくと、一口に虐待死と言ってもさまざまなパターンがあることが明らかになる。

どもの死亡後のきょうだいの居所

(7)関係機関の関与・対応状況

①虐待通告の状況／②児童相談所の関与／③市町村(虐待対応担当部署)の関与／④児童相談所と市町村(虐待対応担当部署)の関与の状況／⑤その他の関係機関の関与の状況／⑥児童相談所及び関係機関の関与状況／⑦ 関係機関間の連携状況／⑧関係機関間の情報提供(通告を除く)

(8)要保護児童対策地域協議会(子どもを守る地域ネットワーク)

①死亡事例の発生した地域における要保護児童対策地域協議会の設置状況／②死亡事例発生地域における要保護児童対策地域協議会の構成機関／③死亡事例発生地域における要保護児童対策地域協議会の実施状況／④死亡事例発生地域における進行管理会議の実施状況／⑤死亡事例発生地域における要保護児童対策地域協議会の活用状況／⑥要保護児童対策地域協議会における本事例の検討状況

(9)子どもの死亡後の対応状況

①本事例に関する死亡情報の入手先／②本事例に関する行政機関内部における検証の実施状況／③行政機関内部における検証組織の構成／④第三者による本事例についての検証の実施状況／⑤本事例において危機感を持つべきだったと思われる時期

(10)児童相談所の組織体制等

①児童相談所の組織体制／②児童相談所における当該事例の担当職員の受持ち事例数

(11)市町村における事業実施状況等

①乳児家庭全戸訪問事業，養育支援訪問事業の実施状況／②市町村の子育て支援事業の実施状況

表1-4　児童虐待等要保護事例の検証に関する

(1)虐待による死亡の状況

(2)死亡した子どもの特性

①子どもの性別／②子どもの年齢

(3)虐待の類型と加害の状況

①死因となった主な虐待の類型／②直接の死因／③確認された虐待の期間／④死亡時の虐待以前に確認された虐待／⑤加害の動機

(4)死亡した子どもの生育歴

①妊娠期・周産期における問題／②乳幼児健康診査及び予防接種／③子どもの疾患・障害等／④子どもの情緒・行動上の問題等／⑤養育機関・教育機関の所属／⑥子どもの施設等への入所経験

(5)養育環境

①養育者の世帯の状況／②祖父母との同居の状況／③実父母，祖父母以外の者との同居の状況／④子どもの死亡時における実父母の年齢／⑤子どもの死亡時における加害者の年齢／⑥養育者(実父母)の心理的・精神的問題等／⑦世帯の家計を支えている主たる者／⑧子どもの住居の状況／⑨家庭の経済状況／⑩子どもの死亡時における実父母の就業状況／⑪子どもが出生してからの転居回数／⑫家庭の地域社会との接触状況／⑬養育の支援の状況／⑭行政機関等による子育て支援事業の利用状況／⑮各種届出，制度等の利用状況

(6)きょうだい

①きょうだいの状況／②きょうだいの特性／③子どもの死亡時におけるきょうだいの同居の状況／④きょうだいの養育機関・教育機関の所属／⑤きょうだいが虐待を受けた経験／⑥きょうだいに対する児童相談所の関与／⑦きょうだいに対する市町村の関与／⑧子どもの死亡時におけるきょうだいへの対応／⑨子

虐待死の態様をふまえた専門委員会の集計

専門委員会の歴史をたどると、一括りにされていた虐待死がいくつかの態様に分けられ、それぞれの特徴に応じた防止策を打ち出そうとしてきたことがわかる。以下、その点について振り返ってみたい。始めに取り出したのは「心中による虐待死」だ。表1‐3を見ればわかるように、第一次報告では「心中」事例が全く計上されておらず、第二次報告で初めて五事例八人が計上され、第三次報告では一九事例三〇人へと急増する。こうした状況もふまえ、第三次報告からは、死亡事例を「心中」と「心中以外」に分けて分析するようになった。そして第四次報告になると、「心中」事例は「心中以外」事例を上回る六五人の死亡が確認される。専門委員会では、こうした急増についての評価が求められ、「心中事例の増加は、実際の事例数そのものが増加しているとは言い切れず、地方公共団体において、検証対象事例として国に報告すべきものとの認識が高まり、報告されるようになったためとも考えられる」としている。

次に大きな関心を集めたのが〇歳児の死亡だ。第六次報告で「心中以外」事例における〇歳児の死亡が初めて半数を超え、六割近くを占めたのである。

「虐待による死亡事例のうち心中以外の事例では、第一次報告から第五次報告までにおいては、〇歳児の割合は三割から四割で推移してきた。今回は五九・一％(有効割合)であり、〇歳児の占める割合が五割を超えた。〇歳児の詳細をみると、心中以外の事例三九人のうち二六人(〇歳児の六六・七％）が生後一か月に満たない時期に死亡していた。／虐待による死亡事例が低年齢に集中し、特に〇歳児が多いという傾向は第一次報告から一貫しており、虐待事例や養育が適切でない事例の中でも、特に低年齢の事例については慎重に対応しなければならないことを示している」

第六次報告はこのように述べ、第七次報告において初めて「〇日、〇か月児の事例についての検証」と題した特集が組まれることとなった。第一次から第七次までの全事例が集計されて分析が行われ、特に日齢〇日児は、その特徴によって二つに、すなわち「若年の未婚初産婦（一九歳以下）」と「二〇歳以上の既婚経産婦」に区分して検証、検討することの重要性が示唆された。

また、専門委員会は「精神疾患のある養育者における事例」にも着目するようになった。最初に特集した第一〇次報告は、次のように述べる。

「これまで、当委員会における検証において把握された子ども虐待による死亡事例の中で、精神疾患のある養育者によって虐待がなされ死亡に至った事例が一定数（心中以外の虐待死事例一割程度、心中による虐待死事例二割程度）あった」

「精神疾患のある養育者の子ども虐待による死亡事例が少なからず発生していることに鑑みれば、養育者の主治医である精神科医を含めた関係者が、患者が子どもを養育中であるという観点に立ち、精神疾患のある養育者（患者）の病状変化が、育児困難や子どもに対する虐待へつながることも予測しながら（常に虐待の発生予防を意識し）、行政機関における保健師や家庭相談員などの職員へ適切につなぎ、養育者とその子どもに対して、日頃から多職種連携による切れ目のない支援を行う必要がある」

こうした問題意識に立って、専門委員会は「子どもに最も深く関わりのある実母による虐待死事例の中で、実母に精神疾患のあった事例」を取り出し、「統計項目上まとめることが可能であった第五次から第一〇次までのデータを集計」して報告し、以後も継続してこれらのデータを掲載している。

自治体による検証

このようにして詳細なデータが集められ、虐待死のさまざまな傾向が明らかになってきたが、だからといって、それで死亡事例の全てが解明され、防止策が明らかになるわけではない。

というのも、国の専門委員会による調査は、あくまでも自治体から寄せられた各項目の回答を集約したものであり、全体的傾向は把握できても、事例の個別的、具体的な状況は浮かび上がってこないからである。その点を補うため、専門委員会は例年、特徴的な事例をいくつか選び出し、委員が現地に赴いてヒアリングを実施している。個別事例を俯瞰して眺める立場からの知見は貴重であり、数値に示される傾向と相俟って報告書の内容を豊かにしているが、一事例につき半日程度のヒアリングでは限界があることも否めない。

死亡事例からより深く学び、具体的な教訓を引き出すためには、やはり、個々の事例について詳しく検証し、丁寧に振り返る必要がある。その役割を担うのは、事例が発生した自治体による検証だ。

そこで、個別事例の検証と言い得る報告を調べていくと、管見の限り、最初の報告は二〇〇一年に兵庫県から出されたものであった。尼崎市の運河に人の手が出ている黒いポリ袋が浮いていることから発覚した事例で、全裸遺体の全身に痣《あざ》があり、胃や腸には内蔵物がなく、死因は脳内出血であった。捜査の結果、この遺体は児童養護施設から一時帰宅中の小学一年生男児(六歳)と判明した。ほどなく両親が逮捕されたが、ひどい虐待によって死亡し、挙げ句の果て運河に捨てられるというショッキングな出来事に加え、当該児童が児童福祉施設で保護されていたことから社会的にも大きな反響を呼び、兵庫県は「児童虐待防止専門家会議」を開催する。そして、事件発生一カ月後には、専門家会議が「児童虐待防止のための緊急提言」を発表し、次いで「児童虐待防止に向けての提言——子育てを支え合う社会の実現をめざして」と題する最終提言をまとめた。これを機に、各地の自治体で少しずつ個別事例の検証が行われるようになった。ちなみに全国二番目の検証報告書は、先に紹介した「岸和田事件」を受けて行われた大阪府児童虐待問題緊急対策検討チームによる緊急提言「子どもの明日を守るために」(二〇〇四年)だと思われる。

とはいえ、この当時は虐待死の中でも社会的反響の大きなごく一部の事例が検証に付されるだけで、全国的に見ても年間数件程度にとどまっていた。そこで、二〇〇七年の児童虐待防止法第二次改正では、第一次改正で新たに盛り込まれた第四条第五項が早くも改正され、国及び地方公共団体の責務に、「児童虐待を受けた児童がその心身に著しく重大な被害を受けた事例の分析」が加えられた。国はもちろん、自治体における死亡事例検証が義務化されたのである。

ただし、これで全ての虐待死が検証の対象となったわけではない。そもそも本改正の施行に際して発出された厚生労働省の通知「地方公共団体における児童虐待による死亡事例等の検証について」(二〇〇八年三月一四日付)は、「都道府県又は市町村が関与していた虐待による死亡事例(心中を含む)全てを検証の対象とする。ただし、死亡に至らない事例や関係機関の関与がない事例(車中放置、新生児遺棄致死等)であっても検証が必要と認められる事例については、あわせて対象とする」とされており、関係機関が関与していない事例を検証の対象とするか否かは、自治体に任されていた(傍線、引用者。以下同)。本通知は、二〇一一年七月に一部改正されて、「虐待による死亡事例(心中を含む)全てを検証の対象とすることが望ましい。また、死亡に至らない事例であっても検証が必要と認められる事例については、併せて対象とする」とされ、次いで二〇一八年六月には再度改正され、「虐待による死亡であると断定できない事例についても、検証することで再発防止につながる教訓が得られると考えられる場合」も検証対象とする旨が記載された。自治体における検証は、対象一つとっても紆余曲折があることがうかがわれよう。

虹センターでの虐待死の検討

実は私は、専門委員会の委員を第六次から第一一次まで六年間務め、任期最後の第一一次では委員長も引き受けて報告書の作成に携わった。また、いくつかの自治体で個別事例にかかる検証委員や検証委員長を依頼され、おそらくは、これまで二〇事例以上の検証を行ってきた。こうした経験をふまえて思うのは、専門委員会報告は確かにわが国の虐待死全体の動向を示す貴重なものだが、臨床現場で実際に活用するには具体性の点で必ずしも十分とは言えず、他方、自治体が行う検証にも種々の限界があるということだ。というのも、検証が義務化されたとはいえ、捜査機関や医療機関をはじめとする関係機関等に情報提供の義務は課せられておらず、必ずしも十分な情報が得られるわけではない上、仮に必要な情報が得られたとしても、検証報告書は事例の個別性に制約されやすい。自治体検証の場合、他の事例と比較検討することができれば、個別性と普遍性の両方をふまえたものになり得るだろうが、実務上そこまで検討範囲を広げることは難しく、当該自治体の過去の検証結果と重ね合わせている例も、決して多くはない。

そこで私は、虹センターの研究部長(及びセンター長)という立場から、わが国における虐待死について、さまざまな角度から研究、検討してきた。おもには以下のようなものだ(カッコ内は報告書発行年)。

『（研修資料）平成二二年度　児童の虐待死に関する文献研究』（二〇一一年）
『（研修資料）平成二三年度　児童の虐待死に関する文献研究』（二〇一二年）
『「親子心中」に関する研究（1）――先行研究の検討』（二〇一二年）
『児童虐待に関する文献研究――児童虐待重大事例の分析（第一報）』（二〇一二年）
『児童虐待に関する文献研究――児童虐待重大事例の分析（第二報）』（二〇一三年）
『「親子心中」に関する研究（2）――二〇〇〇年代に新聞報道された事例の分析』（二〇一三年）
『「親子心中」に関する研究（3）――裁判傍聴記録による事例分析』（二〇一四年）
『児童虐待に関する文献研究――自治体による児童虐待死亡事例等検証報告書の分析』（二〇一五年）
『平成二七・二八年度研究報告書　嬰児殺に関する研究』（二〇一八年）

多くは私自身が研究代表者となったものだが、これらの研究を通じ、虐待死の態様はさまざまであり、防止策もそうした態様ごとに検討すべきではないかと考えるようになった。

虐待死の区分

では、虐待死の態様はどのように区分できるのか。専門委員会は、ここまで見てきたように「心中」と「心中以外」を区別し、「〇日児、〇か月児」や「精神疾患のある養育者」を取り出し

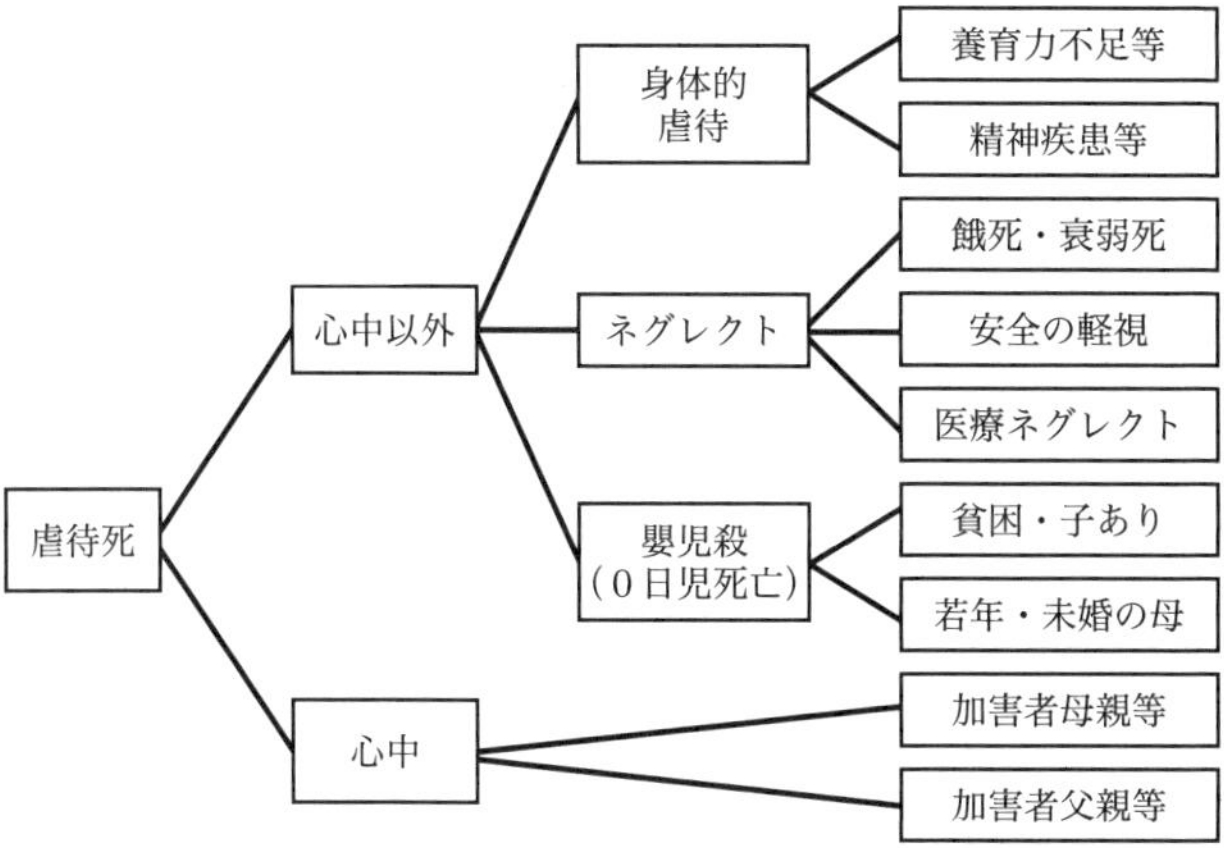

図 1-1　虐待死の区分仮説

て検討を加えているが、それだけでは多様な虐待死の区分として必ずしも十分とは言えず、私は現段階で、概ね図1－1のように分類している。

もちろん、保護者が自ら監護している子どもを死亡させるという重大な事態であり、一つ一つの事例はいずれも特有の事情を抱えている。したがって単純に区分けできるものではなく、これらの区分に当てはまらない事例があることも承知してはいるが、経験的に、多くの事例はこの区分のいずれかの範疇《はんちゅう》に収まるように思われる。以下、図1－1のように区分した理由について、簡単に説明しておきたい。

虐待死全体を、まず「心中」と「心中以外」に分類した。「心中」は全て身体的虐待と考えられるから、本来ならば身体的虐待の下位に置くべきだが、他の虐待とは種々の点で異なることから、専門委員会に倣ってまずは「心中」と「心中以外」の二つに大きく括った。

「心中」事例は加害者の性別によって背景や動機、形態等に違いがあり、「加害者母親等」と「加害者父親等」の二つにさらに区分けしている。なお、保護者自身が自殺を企図するという特徴から「そもそも心中は虐待なのか」という疑問の声は根強く、専門委員会は、「心中」も虐待であることを明確に示すため、一時期「虐待死」「心中」としていた呼称を改め、わざわざ「心中による虐待死」「心中以外の虐待死」としていることも付け加えておきたい。

次に、「心中以外」を「身体的虐待」「ネグレクト」「嬰児殺(〇日児死亡)」の三つに区分けした。「身体的虐待」はさらに二つに区分した。その一つは、「養育力不足等」。「しつけのため」などと称して暴行を加えたり、自身のストレスを子どもにぶつけて死亡させるような場合が含まれる。他方、突発的に子どもの首を絞めるなどの例では、往々にして背景に保護者の精神的不調が認められることから、これらを「精神疾患等」とした。前者は比較的男性に多く、後者は実母によるものが多い。

「ネグレクト(養育放棄)」による死亡も三つに分けた。一つは、食事も与えられず次第に衰弱して死亡するような「餓死・衰弱死」である。件数としては必ずしも多いとは言えないが、飽食の時代に子どもが餓死する態様は社会の高い関心を呼ぶことが多い。「安全の軽視」は、直前まで元気に過ごしていた子どもが車中放置による熱中症で死亡したり、保護者不在の家庭内で火事に遭うなどして死亡するものを言う。子どもの安全に対して配慮を欠くことで生じるこうした事例もコンスタントに発生しているが、社会的には必ずしも「虐待死」として認識されていない。だが、これらも養育を放棄した結果としてのネグレクト死であり、その態様や防止策についての検討が必要だ。第三のパターンは「医療ネグレクト」である。信仰上の理由や生まれた子どもに重い障害があるとして、手術等によって助かる可能性が高いにもかかわらず拒否するような事例である。なお、暴行によって瀕死の重傷を負っていたり栄養失調等で危機的な状態になっているのに、発覚を恐れて必要な医療を受けさせないのも「医療ネグレクト」だが、それらはもともとの虐待内容によって「身体的虐待(暴行死)」や「餓死・衰弱死」と位置づけている。

「心中以外」の最後は、「嬰児殺(〇日児死亡)」である。嬰児の定義は揺れており、そもそも児童福祉法や母子保健法でこの用語は使われていないが、本書では、原則として出産直後、すなわち生後二四時間以内の〇日児を指すこととする。嬰児殺は、出産直後に絞殺されるなどして死亡する「身体的虐待」と、そのまま放置されて死亡する「ネグレクト」のいずれかに該当するはずだが、これらは〇日児としての共通の特徴を重視して項目を独立させた。〇日児は、専門委員会も指摘しているように、加害者が若年・未婚の母の場合と、すでに子どもを養育していて出産を望まなかったり、貧困に陥っている場合とでは背景や対策も自ずと違ってくることから、二つに分けて検討することが妥当だと考えられる。

以上だが、虐待死を防ぐためには、それぞれがどのような背景を持ち、どのような事情があるのかといった点、つまりは虐待死の態様別の特徴を理解することが前提となろう。以下の各章でそれを見ていきたい。

第２章　身体的虐待の行き着く先——暴行死

「しつけ」で子どもが死亡する？

東京都江戸川区で、小学一年生の男児が暴行を受けて死亡するという事件があった。本件の発生は二〇一〇年一月。当時は社会的にも高い関心を集めたから、記憶されている方も多いのではないだろうか。

継父（三一歳）が木刀を持ちだして正座していた男児を殴り、母親（二二歳）も「早く謝りなさい」などと平手で叩いたというのだが、男児は「ごめんなさい」と声を絞り出した直後に意識を失った。母親が慌てて一一九番通報し、救急搬送されたものの、その甲斐もなく死亡したのである。調べて見ると、背中には火傷の痕があり、他にも腕や肩、胸、足などいたるところに痣があったという。

この事例では、死亡の原因となる暴行の数カ月前にも継父による暴力が発覚しており、学校や区の児童福祉部門、さらには児童相談所もそれを把握していたことから対応の不十分さが指摘されたのだが、男児はいったいどうして死に至るほどの暴力を受けねばならなかったのか。

「普段から食べるのが遅く、きちんと食べるようしつけていた。今回もしつけの一環でやった」

「嘘をついたり、素直に謝らないときは、日ごろからビンタしていた」

父母はこんな説明をしたというのだが、食事が遅いからといって死ななければならない理由などどこにもない。ところが、「しつけのつもり」による虐待死は毎年発生し、今なお大きな問題となっている。二〇一八年には、東京都目黒区で、五歳女児を殴り、負傷させたとして父親が傷害容疑で逮捕された。後に保護責任者遺棄致死容疑でも(母とともに)逮捕されているのだが、女児は「あそぶってあほみたいだから　もうぜったいやらないからね　ぜったいやくそくします」などと無理無体な約束を強いられた末、十分な食事も与えられず、医師の診察も受けさせてもらえないまま死亡したのである。また、二〇一九年に入ると、千葉県野田市で小学四年生の女児が、真冬の季節、父から長時間、冷水シャワーを浴びせられるなどした挙げ句に死亡しているが、父は「生活態度を改めるためのしつけ」などと称して、死亡当日の午前一〇時頃から断続的に暴行を加え、女児が死亡した午後一一時過ぎにようやく一一〇番通報したと報道されている。

先にも引用した厚生労働省の専門委員会は、第二次報告以降、加害の動機を調査しているが、それによると、第二次から第一四次までの間に「しつけのつもり」で死亡した子どもは合計八五人。「心中以外の虐待死」全体の一二・一%だが(図2－1)、三歳以上に限ると約三割を占め、加害の動機の第一位となっている。

「しつけと虐待」について、私は二〇〇六年に著した岩波新書『児童虐待——現場からの提言』で言及し、体罰がしつけと虐待の区別を曖昧にすることを、**図2－2**を用いて指摘した。そして、

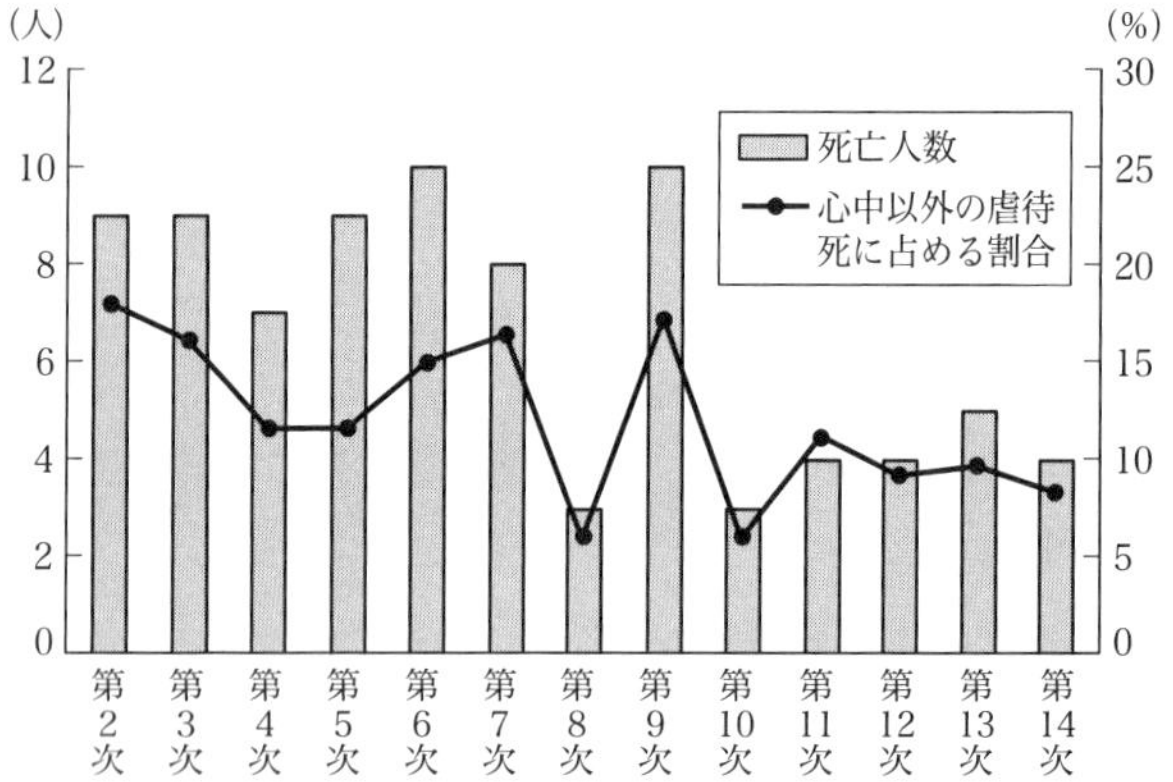

出典：専門委員会「子ども虐待による死亡事例等の検証結果等について」(第2〜14次報告)をもとに作成

図2-1　「しつけのつもり」を加害動機とする虐待死の割合の推移

「親はいくら一生懸命であっても、その子をかわいいと思っていても、子どもにとって有害な行為であれば虐待なのです」という見方を示しつつ、「民法は、親権者が必要な範囲内でみずからその子を懲戒することができるものとしております」「この懲戒には体罰も場合によっては含まれるわけです」という二〇〇〇年四月の法務省民事局長の国会答弁を紹介し、「家庭内の体罰・暴力に対する社会の規範意識において微妙な二重基準がある」「これは児童虐待とは何かについての社会的な合意形成が未だできていないことを示している」と問題提起した。

親権にまつわる民法の改正

拙著の発刊から一〇年あまり、あらためて私たちの社会を眺めてみると、しつけや体罰についての社会の認識は少しずつ変化してきていることがわかる。たとえば二〇一一年の民法改正。翌年三月に出された政府広報は、改正法施行を前にして次のように述べている。

「親権が子どもの利益のために行われるべきであることは、多くの人が当然のことと考えていることでしょう。しかし、民法にはそれを明確に示す規定がなかったため、親権が子どもに対する親の支配権のように誤解され、親権の濫用による児童虐待にもつながっています。そこで、今回の改正では、親権が子どもの利益のために行われることを改めて明確にするため、民法の親権の規定の中に、「子の利益のために」という文言が追加されました」

民法第八二〇条が改正され、「親権を行う者は、子の利益のために子の監護及び教育をする権利を有し、義務を負う」と、傍線部が追加されたのである（傍線、引用者。以下同）。

次いで、二〇一六年には児童虐待防止法第一四条も改正された。それまで「児童の親権を行う者は、児童のしつけに際して、その適切な行使に配慮しなければならない」とされていたところ、「児童の親権を行う者は、児童のしつけに際して、民法第八二〇条の規定による監護及び教育に必要な範囲を超えて当該児童を懲戒してはならず、当該児童の親権の適切な行使に配慮しなければならない」と改められたのである。ここまでの到達点

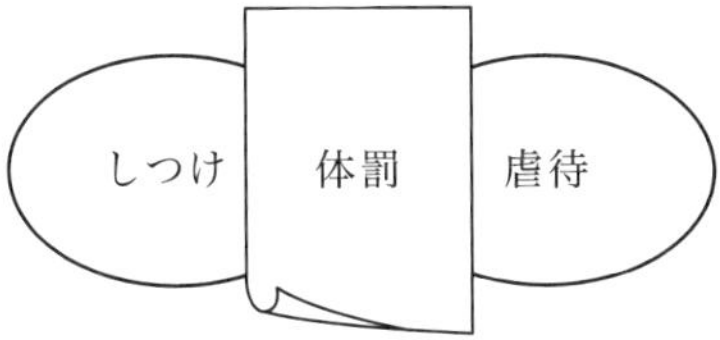

図 2-2　しつけ，虐待と体罰の関係(1)

をふまえて「しつけと虐待」の図を描くと、図2－3のようになろう。虐待と体罰は全く同じではないが、「しつけに体罰は不要」という考え方は徐々に浸透してきている。

とはいえ、江戸川区や目黒区、また野田市の事件などの例は、到底「しつけ」とは呼べない暴行だ。さすがにこうした状況をこれ以上放置することはできないとの世論が高まり、二〇一九年六月、児童虐待防止法第一四条が改正され「児童のしつけに際して、体罰を加えることその他民法第八二〇条の規定による監護及び教育に必要な範囲を超える行為により当該児童を懲戒してはならず……」とする体罰禁止規定が新たに設けられた（傍線部改正）。したがって、体罰にかかる法制度の変遷は、概ね図2－4のように表すことができる。

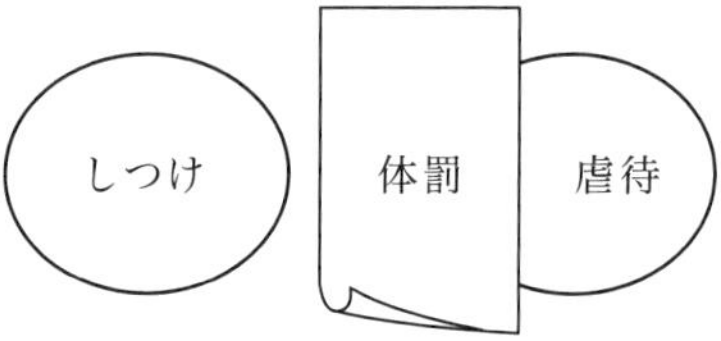

図2-3　しつけ，虐待と体罰の関係(2)

なお、本改正には、「懲戒権の規定の在り方」について検討する旨の附則も加えられており、今後の動向を注視する必要があるが、「しつけのつもり」による子どもの虐待死を根絶するには、こうした体罰禁止規定をさらに進め、懲戒権そのものを廃止することも重要だろう。

逆転の動物

もちろん、法律に書き込めば、それで体罰がなくなるというものではない。現状では体罰を肯定的に捉える者も多く、それらは往々にして自身の体験に根ざしている。拙著『児童虐待』から、そうした意見を引用してみよう。

「叱られて当然のことをして頬を叩かれた時、頬は痛かったけど心は痛くなかった」

「体罰は決してよいことではない。ただ、罰として手を出すのではない、心からわかってほしいと望んであらわれた渾身の表現として叩いてしまうことはあると思う。私自身、そうしてもら

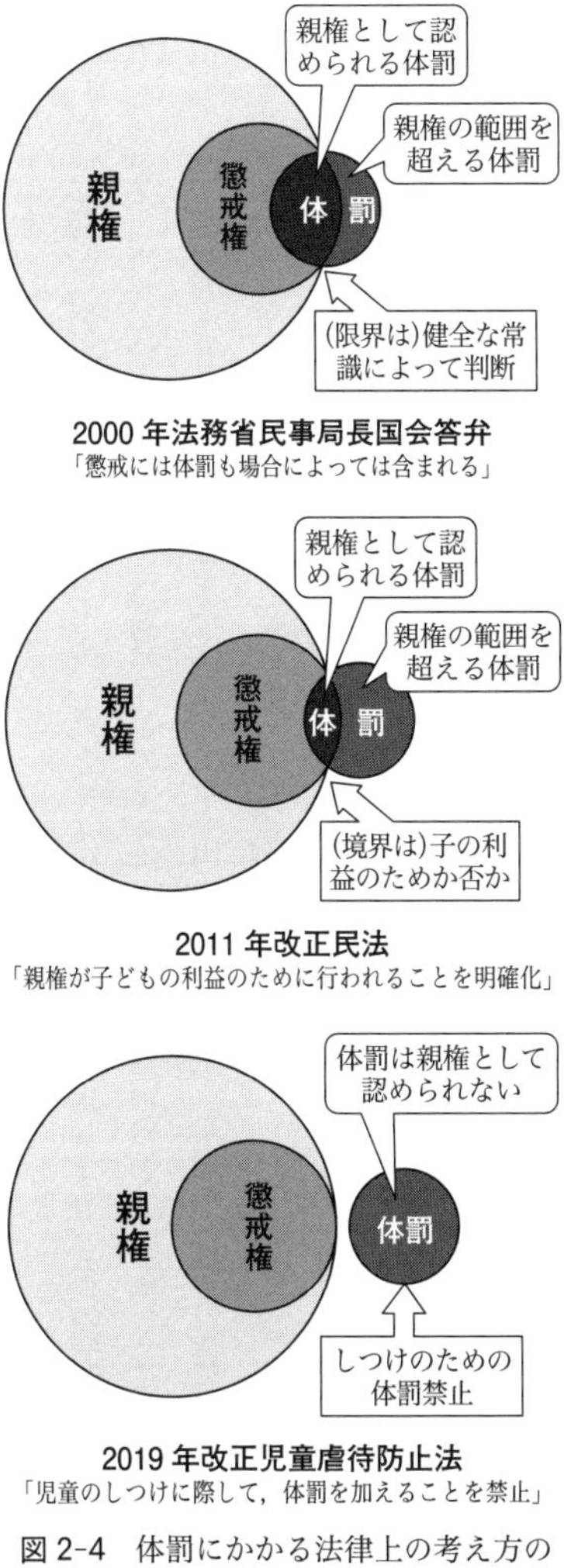

2000年法務省民事局長国会答弁
「懲戒には体罰も場合によっては含まれる」

2011年改正民法
「親権が子どもの利益のために行われることを明確化」

2019年改正児童虐待防止法
「児童のしつけに際して，体罰を加えることを禁止」

図2-4　体罰にかかる法律上の考え方の変遷

ったことによって、目が覚めた経験がある」

これらは体験に裏打ちされているため、たとえ法律で体罰を禁止しても、その信念が簡単に揺らぐとは思えない。では、こうした意見をどのように考えればいいのか。思案していて思い出したのが、教育学者として一〇〇歳まで活躍した大田堯《たかし》(一九一八―二〇一八年)の著書『教育とは何か』(岩波新書、一九九〇年)だ。そこにはこんな指摘があった。

「実際、いろいろな与件にとりかこまれながらも、自ら分別し、選んで生きる人間は、逆転の動物だと言ってもよいと思います」

一体どういう意味か。大田は、星野富弘氏――教師になってすぐ勤務先の学校の体育館で宙返りに失敗し、頸の骨を折って身体の自由を奪われ、その後、口に筆をくわえて美しい野の花を描くことに打ちこむようになった詩人・画家――の『風の旅』(立風書房、一九八二年)を引用しながら、次のように述べる。

「星野さんの本の「はじめに」の終り近くのパラグラフに、「もしかしたら、失うということと、与えられるということとは、となり同士なのかもしれません」ということばが記されていました。このばあい〝失う〟ということの中に、下半身の自由が奪われたことも含まれているでしょう。でもその〝失う〟ことを機として、口に筆を加えての仕事が与えられたばかりでなく、それが障害をもった人にも、そうでない人にも大きな励ましを与えるという仕事を星野さんはいまも果しつづけています。苦悩の中での選択を経て、実感をこめて吐露されているこのことばの中に、人間という動物の特質が見事に指摘されていると私は思います」

所与のものとしての遺伝や環境は変えられなくとも、また、人生の中で思いがけない不幸に遭遇することがあっても、人間は「自ら分別し、選んで生きる」ことができる能動的な存在だという人間観だ。ならば、仮に体罰を受け、さらに言えば虐待的環境に置かれたとしても、人は、それを逆転させ、逆境を力に変えることも決して不可能ではあるまい。体罰を肯定的に話す先の発言も、人間のこうした特性を発揮して自らの体験を逆転させ、分別をはたらかせた結果としての感慨だったのではないかと、私は想像する。

ただし、だからといって、星野氏がわざわざ身体の自由を奪われるよう求めたのではないのと同様、子どもたちも、体罰を加えられたり、それを黙認されていいはずはない。体罰を受けながら、それをバネにして立派に成長した人が存在するとしても、次の時代に体罰を継承する必要はない。それゆえ、体罰に頼らなくてもしつけは十分可能であることを広く社会に周知していくことは、誰にとっても大切な取り組みだと言えよう。

体罰する人の話に耳を傾ける

それでもなお体罰をやめられない人に対しては、ではどうすればいいのか。この場合、それを非難したり、体罰は禁止されていると説諭するだけでは改善は覚束ない。次の例も、拙著『児童虐待』からの引用だ。


「虐待してしまうんです」

少し緊張した声で、こんな電話がかかってきた。

「もともと落ち着きがない子なんです。それで、どうしてもつらく当たってしまいます。気がついたら蹴ったり叩いたりして、近所の人も怒鳴り声を聞いてますから、虐待していると思われているはずです」

「お母さん、さぞかしたいへんだと思います。そんな状態の中で、よく電話をしてきてくれましたね。勇気がいったんじゃないですか」

こうした場合、まずは電話してきたことをねぎらい、しっかり耳を傾けるようにしなければならない。すると母は、促されるようにして訴える。

「自分が抑えられないんです。それに、怒っている自分がいやになります」

聞けば父親も単身赴任で、帰宅するのはよくて月に一回程度。何とか親しくなった隣人もつい最近引っ越してしまって孤立感が深まるのだという。

「子どもを叩いているなんて、実家にも話せませんし……」

じっくり話すことができたからなのか、最初は匿名での相談だったものが、最後は児童相談所の援助を受け入れる気持ちになってくれ、直接会っての面接も実現し、援助活動は何とか軌道に乗った（以下略）

子どもの安全を第一にしつつも、どうして体罰を続けてしまうのか真摯に耳を傾け、体罰を用いない子育て、しつけの方法についてともに考えていく姿勢こそが求められるのである。

非血縁の男性加害者

ここでもう一度、江戸川区の事例を振り返っておきたい。事例の経過を見ていくと、母は一五歳という若さで男児を出産していた。一人では育てられないため祖母が手助けしていたが、母はそのうち、祖母の元に男児を置いて転居し、継父と知り合って結婚する。夫婦が男児を引き取ったのは就学直前であった。入学を機に新しい家族、血縁関係のない親子が暮らすステップファミリーがスタートしたのである。そして、同居を始めて約半年後、継父による暴行が発覚する。

偏見を持たれてはいけないので敢えて述べるが、ステップファミリーだから虐待が不可避だということでは、もちろんない。厚生労働省の人口動態統計によると、二〇一七年の婚姻件数約六〇万件のうち一六万件あまりは、夫婦ともに、またはどちらか一方が再婚であり、今では婚姻の四組に一組以上が再婚ということになる。加えて本事例の母のように子どもを連れての初婚であったり、内縁関係による非血縁の親子という例もあり、再婚家族、ステップファミリーは決して珍しくない。このような場合、親の一人が途中から養育に加わるため、親子関係、家族関係を新しく築かねばならないという意味で苦労も多いが、一人ではなく二人で子育てできるという点からすれば、再婚は基本的にプラスと考えられよう。

ただし、こうした関係の中での虐待、虐待死が多いということも、また事実と言わざるを得ない。目黒区の事例も実母と養父という家族だったし、野田市の事例では、両親が一度離婚し、女

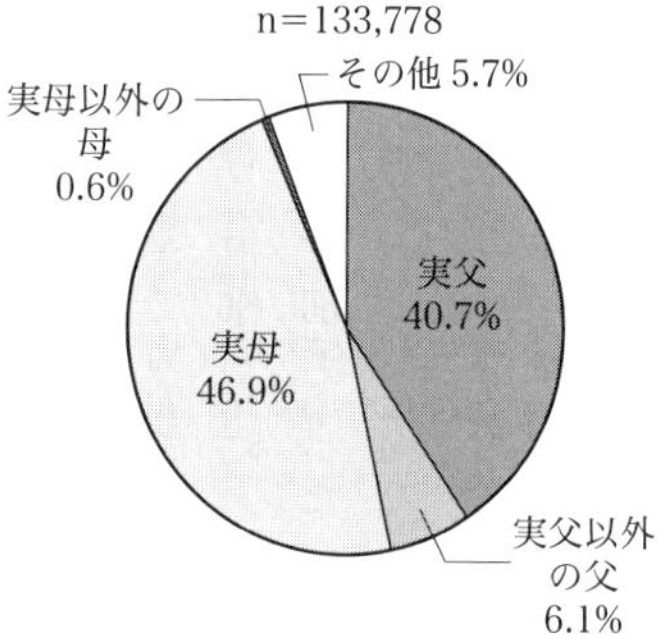

出典：厚生労働省「福祉行政報告例」

図 2-5　児童虐待相談における主な虐待者(2017 年度，児童相談所)

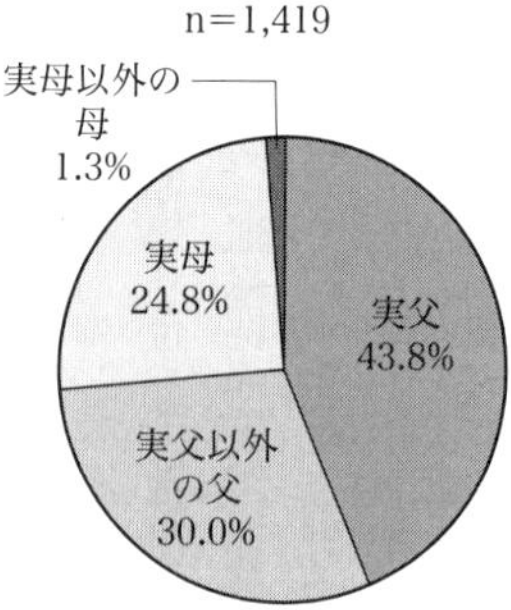

出典：警察庁「少年非行，児童虐待及び子供の性被害の状況」

図 2-6　児童虐待における加害者別検挙状況(2018 年)

児の幼少期から長く別居していた父が復縁（母と再婚）したもので、父子関係は、実質的にはステップファミリーに近かったのではないだろうか。

図２－５と図２－６の二つの図を見比べていただきたい。図２－５は二〇一七年度における児童相談所の虐待相談対応件数を「主な虐待者別」に見たもので、図２－６は二〇一八年に児童虐待で検挙された者の加害者別割合を示している。対象期間が少しずれてはいるが、児童相談所の対応件数が一三万件を超えているのに対し、検挙人員は一四〇〇人あまりだから、児童相談所の対応件数の約一％ということになる。検挙に至る事例のほうが、概して重篤な虐待だからであろう。その点をふまえつつ両者の加害者別割合を比較すると、実父に関してはいずれも四割を超えていて大きな違いは見られないが、実母を見ると、児童相談所の統計では半数近くを占めて最も多いのに対して、検挙者では四分の一を下回っている。一方、養父・継父、内縁男性、その他の男性を加えた「実父以外の父」に着目すると、児童相談所の統計では約六％にとどまっているところ、検挙者は三〇％に達しており、非血縁男性が目立つ。

家族にもならないうちに

一体どうしてなのか。もともと未成年の子どもがいる夫婦が離婚する場合、母親が親権者となる割合が高く（厚生労働省人口動態統計によると、妻が全ての子どもの親権者となる割合は、二〇〇〇年以降、ほぼ一貫して八割を超えている)、再婚家族は、必然的に実母とその子、非血縁の父親という関係が多くなるという事情がある。加えて、こうした関係での死亡事例では、総じて事件までの同居期間が短い。同居して一カ月に満たない事例もあり、同居開始半年以内で事件が起こる例は珍しくない。また、江戸川区の事例のように、母親が実家に子どもを預けていて(あるいは児童福祉施設等に入所させていて)、新しい男性との同居を機に子どもを引き取り、すぐさま事件が発生するような例もある。いわば、家族としての関係形成がなされる前の段階で事件が起こるのである。

それを象徴すると思われる事例を紹介しよう。二〇〇六年に秋田県で発生した事件だ。母(三一歳)は、加害男性(四三歳)と同居さえしておらず、別の男性と内縁関係にあった。そして、内縁男性が仕事でしばらく不在となるのをいいことに、別の、つまり加害者となった交際男性と一泊旅行をしたのである。その際、当時四歳の息子を一人残すわけにもいかないことから同行させた。そして旅行も終えた別れ際、二人は男児が眠ったことから車中で抱き合っていた。と、子どもが目を覚まし、「やめて」と声を出す。行為を中断させられた男性は立腹して男児の頭を殴り、「静かにさせろ」と言われた母も、顔を殴ったり、口をふさぐなどした上で、最後は男性が首を絞め、男児は意識を失ってしまう。

「俺は何もしてないことにしてくれ」

「だったら溝に落ちて死んだことにしたらどう?」

こんなやりとりの後、男児は水深数センチの排水路にうつぶせに捨てられ、窒息死したのであった。母は公判で事実を認めたが、男性は否認して最高裁まで争われ、実刑が確定している。もはや「しつけのつもり」などと申し開きもできないような例であり、男性は同居すらしていないので、ここまで述べてきたこととは異質かもしれない。とはいえ、死亡事例における母と同居男性の関係を見ると、本事例ほど極端ではないとしても、本来ならば、家族全ての構成員が新たな生活に踏み出すための準備を必要としているのに、子どもとの関係構築が顧みられないままパートナー関係だけが先行し、同居後、一挙に軋轢が表面化する場合が多い。

ステップファミリーへの支援

一般に再婚家庭、ステップファミリーは、虐待行為とは縁遠い場合であってもさまざまな困難を抱え、苦労しながら新しい生活をスタートさせなければならない。こうした事情をふまえ、いくつかの自治体等では、家族を応援するためのパンフレットなどを出している。大阪市の例を紹介しておこう。

大阪市では「ステップファミリーの幸せのために」という共通の副題のもと、『これからの人生に　ホップ・ステップ・ジャンプ』という「おとな編」、『泣いて　怒って　笑って』という「こども編」の二種類の小冊子を発刊しており、「おとな編」の「はじめに」には次のような一節がある。

こどもと一緒に結婚や同居してできた家庭をステップファミリーといいます。

「幸せになりたい」と、多くの希望を持ってはじまる新しいパートナーやこどもとの新生活。いざ、始まると予想もしていなかった感情や、問題が起こって毎日大変、ということもあるかもしれません。

多くのステップファミリーが、色々な悩みや課題を抱えています。その悩みは、ちょっとした知識や対応の仕方を知ることで、解決につながることも多くあります。

この本は、それぞれの新しい家族のカタチができることを、応援するためにつくりました。

あなたの新たな家庭での幸せを願っています。

あなたが選んだ新しい人生

あなたのステップファミリーを応援します

ステップファミリーが珍しくなくなった時代ではあるが、彼らが直面する課題やその解決方法についてわかりやすく紹介したものはまだまだ少なく、こうした家族での虐待死をなくしていくためには、大阪市の冊子なども含めて、さらに啓発していくことが必要だ。

いらだちの暴発

次に、実父が加害者の事例を見てみよう。二〇一五年に鳥取県で起きた虐待死事件である。被害を受けた子どもは生後四カ月。母が仕事に出かけたため、昼休みに母乳を与えるべく、仕事休みだった父(二一歳)が、子どもを連れて母の職場に出向く段取りだった。

「ミルクを飲ませておいて」

母は出がけ、子どもがまだ寝ているのを見て父に声を掛ける。ところが、起きた子は激しく泣いて、父はミルクを飲ませることができない。そして昼近く、母のところへ行く時間が近づいたものの、まだミルクを飲ませていなかったことから、父は何とかしてミルクを飲ませようとする。だが、思いどおりにいかない。

「何で飲んでくれんの?」

「間に合わなくなる!」

焦った父は、哺乳瓶を押しつけて無理やり飲ませようとするが、逆にミルクを吐き出して、父の服やカーペットを汚してしまう。

「こんな時に!!」

いらだった父は、反射的に何度も子どもを殴りつけ、気づいたときには、すでに子どもは意識を失っていた。慌てて母に電話し、指示されて一一九番通報したものの、子どもは救急搬送された病院でその日のうちに死亡したのであった。

本件では、「泣きやまないとき、どうしていいかわからない」「乳児の特徴が理解できておらず、養育力不足」といった父の姿が浮き彫りになったが、専門委員会報告でも、「泣きやまないことにいらだった」との理由で暴行を受け、死亡した子どもは、第二次から第一四次報告までの合計で六〇人にのぼっている。加害者には母親等も含まれているが、父親等による暴行死によく見られる特徴の一つとして留意すべきと言えよう。

こうした事例を見るにつけ考えさせられるのは、父親は乳幼児健診などに同席することも少なく、養育についてのアドバイスを得る機会が不足しているということだ。にもかかわらず、母が仕事その他で不在になれば、パートナーである実父や養父、継父、内縁男性らは、否応なく一人で慣れない子育てに直面させられる。そして、すぐさまストレスに襲われていらだち、暴行に至る。なおかつ子どもに異変が生じても自分の判断では対処できず、母に指示を仰がなければ一一九番通報さえできない例も珍しくない。さらに言えば、死亡事例のなかには、自らの暴力で子どもが瀕死の域にあるにもかかわらず拱手傍観し、不在だった母が戻ってから救急搬送されている事例もあった。たとえば、二〇〇六年の千葉県の事例では、自分になつかない、泣きやまないといったことに腹を立てた実父(三四歳)が、一歳男児の腹部や頭部を殴って死亡させているが、本件では夜間就労していた母が戻って異変に気づき、ようやく一一九番通報されていた。

情報共有をめぐる福祉と警察の連携

こうした事例を未然に防ぐため、虐待案件については児童相談所が警察と全件を共有すべきとの声があり、「シンクキッズ——子ども虐待・性犯罪をなくす会」は、国に対して次のような法改正を求めている(二〇一七年二月)。

1 児童相談所長は、通告を受けた虐待案件について、当該案件の児童の現在地の警察署長に通知するものとする。

2 児童相談所、市町村、都道府県警察その他の関係機関は、虐待され、又はその危険のある児童の安全確認、保護者への指導、支援その他の児童の保護を行うに当たっては、その適切な保護が行われるよう、相互に連携を図りながら協力するよう努めるものとする。

一方、こうした「全件共有」に対しては懸念を示す声も根強く、目黒区の事件を受けた日本弁護士連合会(日弁連)の会長声明(二〇一八年六月)は、次のように指摘する。

「児童相談所が警察に対して「虐待事案全件」の情報提供をすることを求める声が上がってい

る。事案によっては、児童相談所と警察が情報共有して対応することが必要な場面もあるが、児童相談所が育児に悩む親から任意の相談を受ける機能も担っていることに鑑みれば、全てのケースにつき児童相談所と警察が情報を共有することとなれば、かえって警察の介入により逮捕等に至る事態となることを懸念する親からの相談がされにくくなり、その結果、虐待の発生防止・早期発見の妨げとなる可能性がある。したがって、安易に警察を頼るべきではなく、真に子どもの権利保護の観点から慎重な対応が必要である」

また、JaSPCAN(日本子ども虐待防止学会)も、やはり目黒区の事件をふまえた国への要望書(二〇一八年七月)で、次のように述べる。

「今回の事件を受けて、「児童相談所と警察との全件情報共有」が提案され、さらに、共有された事例に警察官が介入し保護者に警告を与えることによって深刻な事態の発生を予防しようという動きが見られます。しかし、こうした全件情報共有や警察官による介入・警告という対応策に関しては、いくつかの重大な問題があると言えます」

「警察に情報が提供されることを前提とした児童相談所への虐待通告を、関係者や一般市民、あるいは、子ども自身や親族等が積極的に行うかという問題もあります。このように、全件情報共有という制度は通告の抑止につながりかねません」

「警察への情報提供は必要な場合に限り、子どもの福祉のために効果的に行われる必要があります」

虐待死を防ぐため、児童相談所等の福祉機関が警察や検察との連携を深めていくことはもちろん重要だが、「全件共有」が虐待死を防ぐ特効薬とまでは言えないように、私には思われる。たとえば、「虐待してしまうんです」と電話してきた母親の例を先に紹介したが、その情報が警察に共有されると知ったならば母親は電話自体を躊躇し、日弁連やJaSPCANが懸念するとおり、児童相談所が担う「育児に悩む親から任意の相談を受ける機能」も阻害されかねないのではないだろうか。そもそも、虐待死に限ってもさまざまな態様があり、支援のあり方も異なっているうえ、警察も、児童相談所が抱える十数万件の虐待事案全てを適切に判断し、対処することは難しい。

こうした点に鑑みると、根本的には的確なアセスメントがなされ、それに応じて各関係機関が連携し、対応することが虐待死を防ぐための基本だろう。シンクキッズが求めている前記の要望2は、現時点でも法定のネットワークである要保護児童対策地域協議会で行うべき内容だが、その前提となるアセスメントが適切になされないことが、警察をはじめとする関係機関との連携を阻害している要因ではないだろうか。

事実、児童相談所等の関係機関が関与している死亡事例の検証では、アセスメントの不十分さがしばしば指摘されている。確かに死亡を防ぎ得なかったこと自体が、とりもなおさずアセスメントが不正確であったことの証と言い得るのだが、もう少し踏み込んで考えると、「不正確」というより「アセスメントが家族の変化に追いついていない」といった事情があるように思う。

これを、「見立て」という意味では共通する医学診断と比べると、医学診断では、正確な見立てができれば、症状の軽重があっても、また病状が変化しても病名がころころ変わることはあるまい。一方、家族に関しては、離婚や再婚、出産、転居などの変化に応じて家族の状況は大きく変わるので、見立て(アセスメント)を見直していくことが不可欠だ。ところが、ある時点でそれなりの見立てをすると、往々にしてそれが固定化され、変化によって生じたリスク、あるいは変化そのものを見落としてしまいがちになる。現に、死亡事件が発生するまで、援助機関が同居男性の存在自体を把握していなかったとか、母子は実家にいると思い込んで転居に気づいていなかったといった事例もあった。付け加えれば、里親委託や児童福祉施設入所等の措置、あるいは一時保護などは、それ自体が家族関係を変化させ得ることにも留意しなければならない。

それゆえ援助機関は、「家族は変化する」「家族の変化は予想を超えて速い」ということを常に自覚し、戒めておくことが肝要だ。要するに、単に情報共有すればよいのではなく、共有された情報を整理し、以後の変化も想定しつつ適切にアセスメントして(見立てて)支援方針等を定め、実践し、結果をふまえてそれらを見直していくことで初めて、情報は生かされるのである。

転居と虐待のリスク

ここでは、そうした変化の一つである転居について取り上げておきたい。虐待死に転居事例が目立つことは、厚生労働省が二〇〇四年に初めて行った死亡事例の調査ですでに示されており、「転居前の居住地では、虐待情報交換会などを行い、ケースに関わっていたものの、転居先への情報提供等がなされず、継続支援が行われていなかった」事例などが紹介されていた。こうした転居問題が大きくクローズアップされたのが、先に紹介した目黒区での虐待死事例だろう。香川県から東京都へ転居した本家族について、転居前に関与していた香川県の児童相談所の情報が東京都の児童相談所に適切に引き継がれなかったことが指摘され、転居への対応があらためて大きな課題として浮き彫りになったのである。ただし、ここで私が強調したいのは、そうした引き継ぎ問題もさることながら、転居自体が家族に大きな影響を及ぼし、新たなリスクとなり得ることだ。

一歳三カ月の男児が泣きやまないことにいらだった母が、両手を持って放り投げ、その後脳内出血で死亡するという事件があった。二〇〇七年に岐阜県で発生した事例だが、家族は、両親と男児を含む三人の子どもの五人世帯。父の勤務の都合で転居が繰り返されていたが、本事例の検証報告書は、概要を次のように説明している。

「前住所地では、市内に母親の親族宅があり、(男児の)兄の通院時には、男児を当該宅に預けることができた。しかし、転居後は、その親族宅さえ距離的に遠くなり気軽に立ち寄ることができなくなった」

「裁判における母の供述によれば、転居の話が夫から告げられた頃から不安を感じ、男児を布団の上から投げ落とす等の行為が始まったとされる。頻回な転居は孤立した子育てになる危険性が高い」

転居自体が新たなリスクを生むのである。もう一例紹介しよう。一歳一〇カ月の女児に対し、両腕を掴んで激しく揺さぶり、浴槽に頭を打ちつけるなどの暴行を加えて死亡させ、交際男性と母親が逮捕された事件である。二〇〇八年に転入先の自治体で発生したものだが、報道によると、暴行は男性が主導し、母も「男性に嫌われたくない」といった動機から犯行に及んだとされている。本件では、離婚した母子が実家に戻り、祖父母の協力や保育所を利用して子育てしていたが、援助機関は母の育児能力に不安を感じていた。そんな母が実家から再び転居し、出会い系サイトで知り合った男性と同居した直後に事件が発生した。実家の協力や保育所の利用などで不十分ながらも何とか養育していた母が、転居によって支援の輪から離れ、交際男性と暮らす新たな環境に身を置いてすぐの出来事である。

こうした例もふまえ、援助機関は、転居前と転居後で養育環境が変化し、転居自体が新たなリスクをもたらす可能性を視野に入れてアセスメントを繰り返し見直すことを忘れてはなるまい。

特に、不自然な時期の転居や、転出入届が速やかになされていない場合、あるいは頻繁な転居、さらに離婚や再婚、実家での同居や別居など家族構成の変化を伴う転居、加えて言えば援助機関の介入から逃れたいばかりに転居するような例もあり、これらはいずれも家族に新たなストレスが生じる可能性が高く、援助機関は、新しい生活を始める家族に対してより丁寧な支援を心がけ、その様子を注意深く見守っていく必要があろう。

虐待による乳幼児頭部外傷（乳幼児揺さぶられ症候群）

ところで、虐待死のパターンの一つに乳幼児揺さぶられ症候群（Shaken Baby Syndrome 以下、SBS）がある。乳幼児が激しく揺さぶられたときに起こる重症の頭部損傷で、致死率二〇％とも言われる深刻な虐待だ。なお、発生機序（原因）が揺さぶりに限られず、頭部への虐待全てを包含する概念としてはAHT（Abusive Head Trauma 虐待による乳幼児頭部外傷）という表現が用いられる。

二〇一四年には次のような事例があった。男児の誕生を喜んだはずの父（三二歳）が、早くも生後三カ月には子どもが泣きやまないことにいらだち、強く揺さぶるなどして死亡させたものだ。事件当日は母が母乳を与えて出勤し、父子が在宅していた。子どもがぐずり始めたので、父は抱っこしてあやしたものの泣きやんでくれない。この時、持病の腰痛が起こり、いらだった父が子どもの頭を支えることなく前後左右、上下に激しく揺さぶったのである。と、子どもは静かになった。父はそっと寝かして自分も少し休み、しばらくしてオムツを取り替えようとしてふと見ると、子どもの顔面は蒼白で生気がない。すぐに救急車を呼んだものの時すでに遅く、意識不明のまま数日後に死亡したのである。

この事例からもわかるように、AHT／SBSでは加害者に子どもを虐待しているという意識が希薄なことが多い。とはいえ、こうした行為は結果として子どもが死亡するなど重篤な虐待と言わざるを得ず、厚生労働省も、赤ちゃんの〝泣き〟への対処に関する動画をホームページに掲載するなどして、未然防止に努めている。

乳幼児の頭部外表に目立ったケガなどが見られないにもかかわらず、①硬膜下血腫またはくも膜下出血、②眼底出血、③脳浮腫などの脳実質損傷の三つが揃っているとAHT／SBSの可能性が高いとされているが、近年、「三つの徴候が外傷性の揺さぶりと関連するということを示す科学的なエビデンスは限定的なものにとどまる」との見解が出され、医学論争が起きている。ことほどさようにAHT／SBSの判断は難しいが、乳幼児を激しく揺さぶることで重篤な障害が生じることまで否定されたわけではない点は付記しておきたい。

「母子保健」という名称の落とし穴？

わが国の母子保健は、新生児死亡率が世界で最も低いなど世界最高水準にあると言われているが、父親等に対する支援という面では、必ずしも十分とは言えないのではないだろうか。思うにそれは、「母子保健」という名称の落とし穴かもしれない。というのも、ここまで見てきたように、乳幼児の虐待死において父親等が加害者となる場合は決して珍しくないからである。

折しも二〇一六年の母子保健法の改正で、母子保健施策を講ずる国や地方公共団体の責務として、「当該施策が乳児及び幼児に対する虐待の予防及び早期発見に資するものであることに留意する」旨が追加された。増大する児童虐待の未然防止に対して母子保健分野が果たす役割には大きなものがあり、日々の活動においても、父親等を含む家族全体の関係性、生活状況などを把握し、養育力不足にある父親等に対する支援にも力を入れていく必要があろう。

精神疾患の影響による殺害

「救急車を呼んで！」

近隣住民が母（三七歳）の叫び声を聞いたのは深夜未明。母は包丁を持ったまま小学一年の息子（七歳）を抱きかかえ、周囲を徘徊していた。警察官が駆けつけたとき、母は自宅前に立ち、包丁は近くの子ども用自転車の前かごに入れられていた。玄関では小学六年の姉（一二歳）が腹部を刺されて倒れており、病院に搬送されたものの、まもなく死亡が確認された。

母は興奮した様子で、「殺してない。娘が自分で包丁を使って腹を刺した」と容疑を否認。だが、息子が犯行を目撃していた。

これは、二〇一二年に大阪府で発生した事件の新聞報道を抜粋、要約したものだ。報道によれば、母は精神障害のために自傷他害のおそれがあるとして措置入院となった経験があり、子どもたちはそれをきっかけに児童福祉施設で生活していた。その後母は退院し、通院を続けていたが、状態が良くなったと判断されて、子どもたちは母の元に引き取られたのである。亡くなった姉は弟思いで、母のことについても、小学校の担任に「お母さんのことが好きやし、助けたい」と答えていたという。そんな家族だったが、事件の少し前から母親に不安定な様子が見られていた矢先の事件だった。

大好きな母親から刺殺される、また目の前でその光景を目撃してしまう。いずれも大変衝撃的な出来事だが、精神疾患を有する保護者による子どもの虐待死は、多くの場合、当事者に配慮するなどしてメディア等で大きく取り上げられることは少ない。そもそも、加害者が心神喪失などと判断されれば起訴されることもなく、事件のきっかけに何があったのか、背景事情はどのようなものなのか、といったことも明らかにならない。だが、母親による子どもの殺害を防止するためには、精神疾患の問題は避けて通れぬ大きな課題となっている。

図2－7は、田口寿子「わが国における Maternal Filicide の現状と防止対策——九六例の分析から」（『精神神経学雑誌』第一〇九巻第二号、二〇〇七年）をもとに作成したものだ。田口は精神科医

で、一九八九年から二〇〇四年の間に起こった女性による殺人事件の一審確定判決謄本を取り寄せ、それらのうち、〇〜一八歳の子を殺害した九三例に、自身が鑑定に携わった三事例を加えた九六例を分析している。ここで新生児とは日齢〇日児を指し、乳児は、〇日児を除く一歳未満児とされている。本図を見れば明らかなように、〇日児を別として、母親に精神疾患が見られる割合は全体の過半数に達している。保護者の精神疾患に対するケアがいかに重要であるかがわかるのではないだろうか。

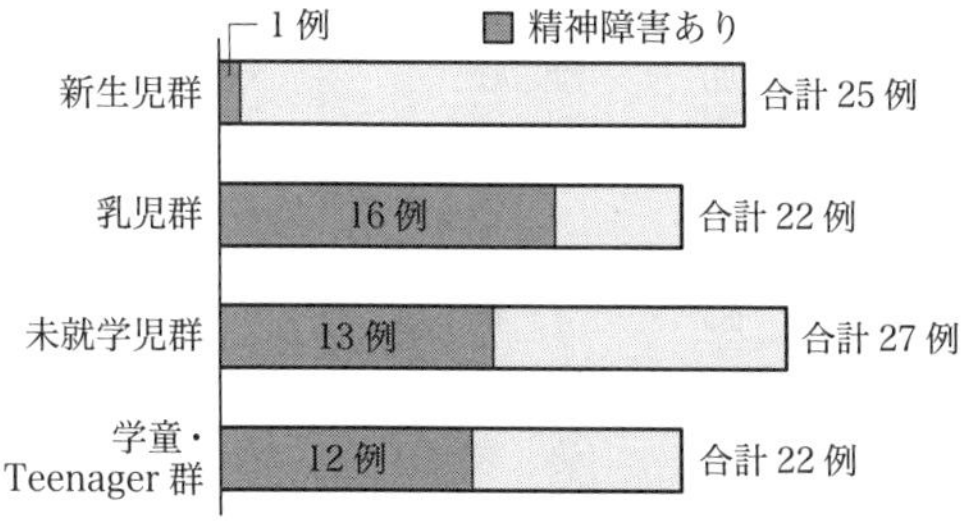

出典：田口寿子「わが国における Maternal Filicide の現状と防止対策——96 例の分析から」『精神神経学雑誌』第 109 巻第 2 号，2007 年をもとに作成

図 2-7　殺人を犯した母親の精神障害の有無

　専門委員会も、精神疾患を有する保護者による虐待死に注目し、第一〇次報告から「実母に精神疾患のあった事例」を取り出し、その傾向について調査を始めたことは第1章で述べたとおりである。そこでは、「精神疾患患者が養育者になった場合、「患者の育児を支える」という視点は、まだ十分に浸透していないと思われる」として、次のように提言している。まずは子どもの援助機関に向けた提起。

「関係機関の職員は、各精神疾患の特性についてよく理

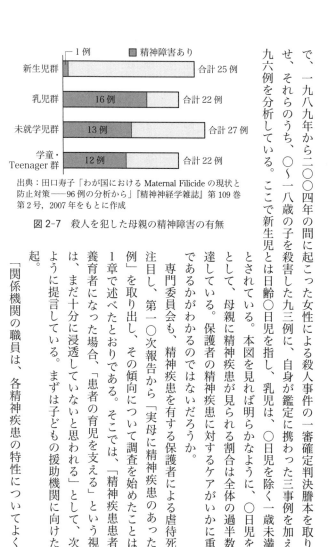

解しておく必要があり、患者が育児を行う場合にストレスになりやすい状況などについて、個別性を重視しながら把握し、直接的な関与を好まない場合などへの有効な関与の方法など専門的アプローチに通じる必要がある」

また、子育てする精神疾患患者を治療する主治医に向けては、次のように述べる。

「養育者(患者)の主治医は、精神疾患のある養育者のみならず、子どもを含めた家族全体を支えるという視点をもつことが重要であり、医療機関のみで抱え込まず、事例の状況に応じて市町村職員や児童相談所等へ積極的にアプローチ(継続支援を依頼)する等、地域における医療・保健・福祉のネットワークを活用していくことが大切である」

加害者の年齢

精神疾患を有する保護者に関するデータの収集、防止策の検討は、まだ途上にあると言わざるを得ないが、専門委員会が調査を始める中で、その特徴も少しずつ明らかになってきた。たとえば加害者の年齢について。図2-8は、データのある第五次から第一四次までのものだが、実母の年齢について、精神疾患のある事例とない事例を比較して表したものだ(不明は除く)。これを見ると、精神疾患のある実母の場合、年齢を重ねるにつれ、事例数が増加する傾向が見えてきた。なぜこのような傾向となるのかについては今後さらに検討すべきだが、第一〇次報告は次のように述べて注意を喚起している。
「比較的高齢の母親に精神疾患がみられた場合には、より実効性のある育児支援の必要性について検討する意義が高まる」

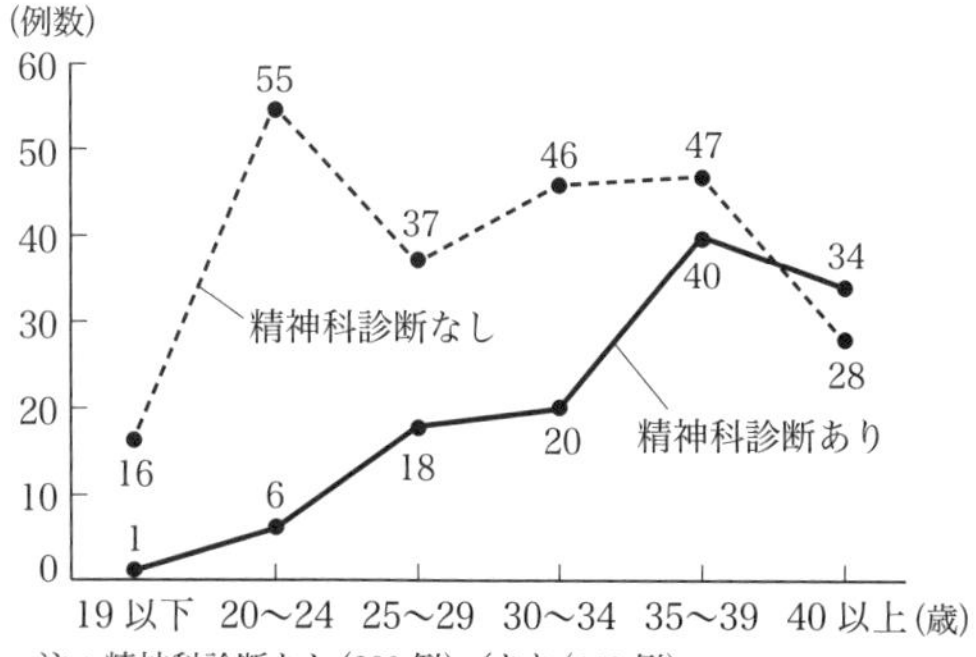

注：精神科診断なし(229例)／あり(119例)
出典：専門委員会「子ども虐待による死亡事例等の検証結果等について」(第5〜14次報告)

図2-8　加害者・母親の年齢

産後うつ

精神疾患を持つ母親の中でも代表的な事例が、産後うつ病となって事件を起こしてしまう場合である。以下に、その一つを紹介する。

幼少期から結婚、出産に至るまで、家庭的にも能力的にも特に問題の見られなかった母（三一歳）が産後うつ病に罹患し、生後四カ月の女児を窒息死させた事例だ。二〇一三年に起きたもので、母自身が「娘を殺した」と一一〇番通報し、殺人容疑で逮捕されている。

母は妊娠が分かると喜び、ネットや雑誌などから情報を集め、友人から育児の話を聞くなどして子育てに備えていたという。もともと責任感が強く、子どもが生まれると全てに優先させて育児に当たり、周囲も「育児することが幸せなんだな」と感じていた。ところが生後一カ月頃になると、「なぜ泣いているのか分かってあげられない」と気に病む様子が見られ、二カ月健診では、医師に「おっぱいが足りない気がする」などと訴え、心配しなくてよいと助言されている。そして、生後三カ月を過ぎる頃には母の体重が減少し、「家事と育児の両立ができない」「母乳をあまり飲まなくなってきた」など、否定的な発言が増えていく。

事件直前には、不安が高じて「自分がやってきたことは間違っていたかも」などと悩むようになり、「自分は死ぬしかない」「子どもを殺すしかない」という考えに捕らわれていく。そして事件当日。父が出勤した後、泣き出した子どもを抱き上げてあやしたものの泣きやまず、ついには毛布を子どもの鼻と口に当て、その上から両手で押さえつけて窒息死させたのであった。裁判では、産後うつ病の強い影響により心神耗弱の状態にあったとして執行猶予の判決が下されている。

もともと、女性の一生のうちで、妊娠中や出産後はうつ病が発症しやすいとされており、この時期、出産した女性の一割前後に産後うつが疑われるとする調査結果もある。産後うつは決して珍しいものではないが、周囲は「妊娠・出産や子育てが大変なのは当たり前」と考え、母も受診をためらい、治療を受けていない場合も多い。したがって、家族もまじえて専門医を受診し、周囲のサポート、家事・育児の負担の軽減など環境調整を図り、適切な治療を進めることが重要だ。

代理によるミュンヒハウゼン症候群

身体的虐待による死亡事例の最後に、少し特殊な形態の虐待を取り上げる。代理によるミュンヒハウゼン症候群（Münchausen Syndrome by proxy 以下、ＭＳＢＰ）がそれだ。この症候群は、身体的虐待の一般的な特徴とは多くの点で異なることから別枠で論じられることが多く、必ずしも全てが死に至るわけではない。ただし、子どもの身体をさまざまな形で痛めつける点では身体的虐待の一種と言い得るものであり、致死率も高いと言われていることから、本章の最後で触れることとした。

そもそもＭＳＢＰとはどんなものなのか。厚生労働省『子ども虐待対応の手引き（平成二五年八月 改正版）』は次のように説明する。

「両親または養育者によって、子どもに病的な状態が持続的に作られ、医師がその子どもにはさまざまな検査や治療が必要であると誤診するような、巧妙な虚偽や症状の捏造によって作られる子ども虐待の特異な形」

要するに、有害な薬を飲ませるなど故意に子どもを病気にしてしまう、あるいは医師に対して虚偽の病状を訴え、不必要な検査や手術などを受けさせるのである。本当にそんな親がいるのかと疑いたくもなるが、二〇〇八年に京都大学医学部附属病院で発覚した「点滴汚染水混入事件」によって、本症候群は一躍世に知られるようになった。この事件は、原因不明の重症感染症があるとして他病院から転院した五女（一歳）の点滴チューブに、古くなったスポーツドリンクを注入して敗血症にさせたとして母が逮捕され、実刑判決を受けたものだ。驚くことに、母は自身が出産した五人の娘のうち、長女を除く四人に対して同様の行為を繰り返し、五女を除く三人が死亡していた。

一方、以前に五女を入院させていた病院は、母の逮捕後、記者会見して次のようにコメントした。

「母はほぼ毎日面会に訪れ、心配した様子で非常に熱心に医師に相談していた」

取材に応じた父も次のように話す。

「五女が入院してからは妻がつきっきりで看病していた。娘三人を続けて亡くし、妻は追いつめられていたのかもしれない」

母を疑うような発言は見当たらず、祖父（父の実父）など、「夫婦仲も良く、幸せな家庭だった。あの優しい子がそんなことするわけがない」と述べていた。

では、母のこのような行為はなぜ生まれるのか。この点について、南部さおりは『代理ミュンヒハウゼン症候群』（アスキー新書、二〇一〇年）の中で、その心理機制をわかりやすく説明しているので、いささか長くなるが、引用したい。

病院に行ったり、医療ドラマを見たりすると、ダイレクトに病気の人を救う医師や看護師が、とてもカッコよく見える。そして、病気の人に献身的に尽くす人々に対しても、ある種の畏敬の念をおぼえる。私たちはその人を「大変ね」「えらいわね」とねぎらいたくなり、少しでもその人の負担を軽くするよう、なにか手伝いたいなどと思ったりもする。（中略）医療や福祉、介護の現場を職業として選択する人もいれば、ボランティア・スタッフに志願する人もいる。

しかし、そうした志を持つことなく、あるいは、そうした志に見合う努力をすることなく、「互助の精神」が息づく「病院」という、温かで居心地の良い空間の中に、手っ取り早く入り込もうとする人々がいる。こうした人は、「自分が病気になる」あるいは、「身近にいる人を病気にしてしまう」のである。

（中略）「代理ミュンヒハウゼン症候群」という複雑な虐待を行う多くの親たちは、悪化したり、良くなったりするわが子の病状をつぶさに観察しながら、冷静に、かつ、周到に、子どもの苦しみが「本当の病気によるもの」であると、周囲を説得するための偽装工作を、営々と行い続けるのである。周囲からは、いかに献身的な良い母親に見えても、いかに愛情深く思いやりにあふれた人物に見えても、もはやその人物の目には、「愛すべき、大切な子ども」は映っていないものといわざるをえない。その人物の目に映っているのは、ただ「自分を心地良い場所にいさせてくれる子ども」でしかないのである。

どうだろう、誤解を恐れず言えば、ＭＳＢＰの加害者は「賞賛の盗人」と言えるかもしれない。何しろ、他人の賞賛を勝ち得るために何らの努力もしないどころか、我が子をそのための道具として病人に仕立てるのだから。このような人が本当にいるなどということは、多くの人にとって俄には信じ難く、中には、そうした説明をされた親族が困惑していた矢先に京大病院の事件が報道され、ようやく医師の説明を受け入れたといった事例もあった。

ＭＳＢＰという虐待事象を知るにつけ、人間とはまことにもって複雑な存在だと思わずにはいられない。だが、現に存在する以上、私たちは、子どもの命と健康を守るため、事実を見つめ、見破り、冷静に対処することが求められている。

第3章　養育放棄、放置の末に——ネグレクト死

大阪市二幼児餓死事件

第2章の冒頭で紹介した東京都江戸川区での虐待死事件から数えてちょうど半年後の二〇一〇年七月、今度は大阪市西区で、またしても社会を揺るがす虐待死事件が発生した。三歳女児と一歳男児の二人の幼児が、ワンルームマンションの一室で餓死していたのである。

「この夏はとびきり暑かった。子どもたちはクーラーのついていない部屋の中の、堆積したゴミの真ん中で、服を脱ぎ、折り重なるように亡くなっていた。内臓の一部は蒸発し、身体は腐敗し、一部は白骨化していた」

これは、杉山春『ルポ虐待――大阪二児置き去り死事件』(ちくま新書、二〇一三年)からの抜粋である。母子家庭の母(二三歳)が、玄関と居室の間の戸口をガムテープで塞ぎ、子どもたちが外に出られないようにして二カ月近くも自宅に戻らなかったのだから、完全に養育を放棄された子どもたちが死亡するのは火を見るよりも明らかと言えよう。事件後、この部屋からは段ボール一〇箱分のゴミが押収されたというから、子どもたちはゴミの山に埋もれながら息を引き取ったに違いない。

母がガムテープまでして子どもを室内に閉じ込めたのは、以前住んでいた名古屋市のマンションでの経験があったからだと思われる。風俗店で働く母が出かけた深夜、二歳になっていた姉がマンションの通路で泣いていた。通報を受けた警察が姉を保護、母に引き渡した上で児童相談所に通告したのだが、母はこれを教訓として、以後、自身の不在中に子どもが外に出られないようにしたのではないだろうか。大阪に転居した後も同じように深夜働きながら、子どもたちにコンビニ弁当やカップ麺、スナック菓子などを買い与えていたのだが、そのうち週に何度か、仕事帰りに同僚とホストクラブに出かけるようになった。それが高じてマンションに戻る時間が朝方になり、次第に帰らなくなり、ついには全く帰宅しなくなった末の事件であった。

想像を絶する出来事を前にして、人々はマンションの前にペットボトルやお菓子を供えて亡くなった子どもたちを悼み、母親の無責任さを非難した。いや、中には同じような境遇にいる女性が身につまされ、人ごとではないと感じて、やむにやまれず現地を訪れたのかもしれない。一方、本件で近隣住民から児童相談所に虐待を疑う通告があったにもかかわらず救うことができなかったことがわかると、児童相談所には厳しい批判が向けられた。

児童相談所の対応

では、児童相談所はどのように対応したのか。大阪市の検証報告書などを元に振り返っておきたい。児童相談所に対しては、近隣住民から都合三度の通告があったという。

「マンションの○○号室で、ほとんど毎日、夜中の二時とか三時に子どもがひどく泣く声が聞こえます。昼間一度だけ、歩けるぐらいの女の子と一緒にベビーカーを押しているお母さんの姿を見かけましたが、お母さんは夜中に子どもを置いて働きにでも出ているのではないでしょうか」

通告を受けた児童相談所は、当該児童やその保護者の名前などを確認するため区役所に問い合わせたものの、住民登録されておらず誰が住んでいるのかわからない。通告に対しては四八時間以内に安全確認する必要があるため、翌日には訪問したが、マンションはオートロックで中に入れず、玄関入口でインターホンを押してみたが応答もない。やむなく諦め、翌日、翌々日も訪問したが、やはり同様の結果であった。マンションの管理会社に連絡して乳幼児のいる世帯がないかを尋ね、似たような通告等が届いていないかも尋ねてみたが、いずれも該当がないとの返答であった。

後でわかったことだが、母子の住む部屋は風俗店に貸し出され、従業員寮として使われていた。そこへ母が入居していたため、管理人も詳細を把握していなかったものと思われる。そうこうしているうちに、児童相談所には再び同様の通告が入る。

「相変わらず子どもの泣き声が続いている。大人の声は聞こえない」

あらためて家庭訪問した児童相談所の職員は、今度はマンション住人の出入りに合わせて中に入り、部屋の前までたどり着く。だが、チャイムを鳴らし、声を掛け、電気のメーターを確認し、室内の音に耳を澄ませるなどしたものの何らの反応もなく、郵便受けに不在票を投函して辞したのであった。

その約一カ月後、三度目の通告が入った。早朝五時半頃のことだ。

「一時おさまっていたが、今も三〇分ぐらい泣き声がする」

直ちに出向くことはできなかったが、その日の午後には訪問した。しかし応答はなく、玄関ドアに耳を押し当てても物音など一切聞こえず、あらためて外からベランダなどを窺ったものの、洗濯物なども確認できない。やむなく再び不在票を投函して辞したのであった。子どもの死が確認されたのは、それから二カ月あまり後のことだ。

このような場合、児童相談所がとり得る方法として、正当な理由なく拒否すれば罰金も科せられる「立入調査」という手段がある。ただし、鍵のかかった住居に勝手に入ることは許されない。これでは最終的に子どもの安全が確保できないとして児童虐待防止法が改正され、本件発生の二年前には、裁判所の許可を条件として「臨検・捜索」する、つまり保護者の意向にかかわらず解錠して入室し、捜索することができる制度ができていた。

だから児童相談所は、裁判所に許可を求めれば対応できたはずだが、そこには一つの壁があった。というのも、「臨検・捜索」の許可申請の前に必ず行うべき手続きに「出頭要求」があり、その際には、当該保護者に対して「同伴すべき児童の氏名その他必要な事項を記載した書面により告知しなければならない」(児童虐待防止法)のである。しかし、本件では保護者や子どもの名前すらわからないから、出頭要求のための書類を作成できるか疑わしい。

「臨検・捜索」制度ができたからには子どもの安全は確実に守られると期待されたにもかかわらず、早くも想定外の事態が出来《しゅったい》したのである。そのため厚生労働省は、事件が発覚した翌月、「居住者が特定できない事案における出頭要求等について」と題する通知を発出し、「調査を尽くした結果、どうしても保護者又は児童の氏名が判明しない場合において、氏名が判明しないことを理由として必ずしも出頭要求等の実施が不可能とはならないと考えられることに留意すること。その場合には、例えば「○○号室にお住まいの方」という形での実施が考えられる」などと指摘した。

居所不明児童

話は変わるが、大阪市の事件から三年以上遡る二〇〇七年、神奈川県厚木市で、後に社会を驚かせる事件が起きていた。アパートの一室で、当時五歳の男児がゴミに埋もれて死亡したのである。この世帯は母が家出して父子二人となっていたが、運送会社でドライバーをしていた父は、子どもを保育園などに通わせることもなく、やはりガムテープで外に出られないようにして、パンやおにぎり、ペットボトルの飲み物などを置いて働きに出ていた。だが、父に交際女性ができると帰宅は遅くなり、ホテル等で一夜を過ごす日も多くなって、男児が一人取り残される時間が長くなっていく。ある日、父が食事を持って帰宅すると、男児はすでに息絶えていたのであった。

ただし、男児の遺体が発見されるためには、そこから数えて七年余り、二〇一四年まで待たねばならなかった。生存していれば中学生になっていたはずだから、学校や母子保健担当部署、さらには児童相談所を含む児童福祉機関などが、義務教育を受けているはずの六年間を含めて男児の存否すら確認できていなかったことになる。

実はこの事例では、男児が三歳だった二〇〇四年、早朝四時半という時間帯に、自宅近くの路上を歩いていた男児を通行人が迷子と思い警察に通報し、児童相談所が一時保護していた。翌日現れた母は、子どもを残して自宅を不在にした理由について、「都内の友人が自殺未遂を起こしたので駆けつけていた」と説明して子どもを引き取ったのだが、男児の衣類や身体が汚れ、爪も伸びていたことなどから、児童相談所は相談終結とせず家庭訪問してその後の様子を確認することとした。ところが、当時の担当児童福祉司は児童虐待を含む困難かつ過大な業務に忙殺されており、迷子の相談と位置づけられた家庭への訪問は先延ばしにされてしまう。児童相談所が実際に訪問したのは、男児が就学年齢に達し、担当者も交代して、小学校との協議を終えた後のことであった。

この時点で男児はすでに死亡していたが、家庭訪問してみると、男児はおろか誰一人として住んでいるとは思えない状況だった。それもそのはず、男児が死亡した後、父は借りた住居はそのままに遺体を残して別のアパートに移り、女性と同居していたのである。転居を疑った児童相談所は住民票の異動がないかを調べたものの動きはない。念のためアパートを管理する不動産業者に問い合わせてみると、奇妙なことに家賃はきちんと支払われているという。

「不気味だな」

そんな印象を受け、不動産業者に父の勤務先などを尋ねたものの、個人情報を理由に教えてもらえず調査は行き詰まってしまう。男児はまさに居所不明児童となったのである。事態が変化するのは、男児が中学校入学を控えた時期だ。さすがにこのまま放置できないと考えた教育委員会が父の勤務先を調べ、繰り返し連絡して面談が実現した。

「子どもは母と暮らしている。居場所は知らない」

父はこのように説明し、教育委員会はそれを文書で提出してもらうことで調査を終了した。一方、児童相談所は男児を現認する必要があると判断し、母方実家を訪ねるなどしたものの、やはり所在が確認できない。事ここに至って異変を感じた児童相談所は、迷子としての相談から虐待の疑いがある事例へと位置づけを変え、警察に届けたことから、ようやく事件が明るみに出たのであった。

実は私は、神奈川県が設置した本事例の検証委員会の委員を務めたのだが、検証報告書は、家庭訪問が実施できていなかったことを課題として取り上げ、援助の実施を担当者個人に任せるのではなく、組織として十分な進行管理を行うこと、また、担当児童福祉司に過重な負担を負わせたままでは必要な支援が行き渡らず、子どもの命も守れない事態になりかねないとして、職員体制を充実させることなどを求めたのであった。

一人では抱えきれない養育の負担

それにしても、幼い子どもたちを放置して死なせてしまった彼らはどうしてそのような行為を取るに至ったのか。ここで取り上げた父や母は、いずれも幼少期からの成育過程で過酷な経験をしていたことがわかっている。また、大阪市の事例では、父母双方の実家も入った話し合いの席で、浮気などを理由に離婚を迫られた母が、「子どもは責任をもって育てる」「借金は返す」「家族に甘えない」「逃げない」等々の誓約書を、言われるがままに書いた上で離婚し、子どもたちを引き取ったという。公判でこうした証言を聞いた杉山は、『ルポ虐待』で次のように述べる。

「その場に流れていたのは、子育ては母親が責任を負うべきものであるという強烈な価値観だった。さらに子育てには制裁の意味合いさえあったように感じられる」

「離婚の話し合いの場で、「私は一人では子どもは育てられない」と（母が）伝えることができれば、子どもたちは無惨に死なずにすんだ。その後も、あらゆる場所で、私は一人では子育てができないと語る力があれば、つまり、彼女が信じる「母なるもの」から降りることができれば、子どもたちは死なずにすんだのではないか」

一方、神奈川県の事例の父はどうだったか。本事例の検証が行われたのは公判前だったため、私も詳細な経緯がわからなかったが、一つの疑問があった。それは、迷子の相談で児童相談所が関与した後、いつから父子家庭になったのかということだ。それに「友人が自殺未遂を起こして駆けつけた」という母の説明も、腑に落ちないところがあった。それらは、公判を傍聴して書かれた石井光太『「鬼畜」の家――わが子を殺す親たち』(新潮社、二〇一六年)を読んで氷解した。母は、児童相談所の一時保護所から男児を引き取ったその日の夕方、仕事を終えて帰宅した父に「ちょっと買い物に行ってくる」と告げて出て行ったまま戻らず、この日から否も応もなく父子二人の生活が始まったのである。

石井によると、母が家出して一週間後には電気が止まり、次いでガスや水道も料金未払いで止まってしまったという。だが、父はライフラインを復旧しようとせず、明かりは懐中電灯を吊してしのぎ、飲み水は近くの公園から供給、子どもの食事は出社前と帰宅後にコンビニで買ったものを与え、入浴はせず濡れたタオルで身体を拭くような生活だったという。ただし、二年あまり続いた父子でのこうした生活について、父は公判で「普通に生活できました」と説明している。

だが、掃除もせず室内には約二トンものゴミがあったというから、父の言葉とは裏腹に、男児はやはり、長く重篤なネグレクト状態に置かれていたと言わざるを得ない。養育のための知識、技術がなく、さらに言えば一般常識さえも疑われる父に一人で子どもを育てる力はなく、それを自覚することすらできなかったのだから、行政機関等に援助を求めるという考えも浮かばなかったのであろう。

「「私は一人では子どもは育てられない」と伝えることができれば」

先に引用した杉山の言葉は、そっくりそのまま、この父にも当てはまるのではないだろうか。援助を求めることと自体が、実は一つの能力であり、そうした力を持たない人がいることを、援助者は知っておく必要があろう。

貧困による衰弱死

今述べた二つの事例とはまた違い、貧困ゆえに満足に食事を与えることができず、死亡させてしまうような例が、特にひとり親家庭において発生することがある。たとえば、二〇〇二年に母(五〇歳)と暮らす一一歳の女児が衰弱死した事件について、地裁の実刑判決を覆して母を執行猶予とした広島高裁岡山支部の判決は、次のように指摘する。

「(被告人は)生活費が全く途絶え、食料が少なくなった後も、当初は自分が食べることよりも被害者（女児）に食べさせることを優先し、そのため、次第に自らも衰弱し、生きる気力を減退させるなかで、自己の死を覚悟した結果本件に至った」

母自身が飢餓状態に陥った結果、廃用症候群に罹患し、車いすで移動しなければならない身体になっていたという。こうした点もふまえ、判決は、本件は消極的な遺棄致死だと述べ、「いわゆる虐待死とは全く異なる」と結論づけている。

また、同じ二〇〇二年に発生した一歳男児の餓死事件でも、母子家庭の母（二四歳）は最後の給料と交際相手から援助してもらった二、三〇〇〇円でベビーフードを与え、そのベビーフードも尽きてしまうと、以後はお茶を与えるしかなかったという。

いずれも児童虐待防止法が施行されて間もない頃の事例であり、昨今では、さすがに貧困によって餓死することはあるまいと考えられていた矢先の二〇一九年一月、仙台市で次のような事件があった。

「生後一カ月の男児を栄養失調などで死亡させたとして、警察は保護責任者遺棄致死の疑いで、無職の母（二八歳）を逮捕した。「ミルクを買うお金がなく、一〇日前から、お湯を飲ませていた」と供述している」

男児は双子で、もう一人の弟も同じく痩せ細っていたが一命を取り留めたとのこと。なお、本件では母の実父（五八歳）も同居してはいたが、深夜まで働いており養育への関与や経済的支援もなく、実質的には母ひとりが双子の子育てを担っていたと思われる。

二〇一三年には、「子どもの貧困対策の推進に関する法律」が制定され、取り組みが進められてきたが、厚生労働省『平成二八年 国民生活基礎調査の概況』(二〇一七年度)によると、わが国は二〇一五年時点で子どもの約七人に一人が貧困状態にあり、とりわけ、ひとり親家庭の相対的貧困率は五割を超え、先進諸国の中でも最悪の水準となっている。さらなる対策の強化が求められていると言えよう。

複数の保護者

では、保護者が複数いればこうしたネグレクト死は発生しないのかというと、必ずしもそうではない。序章で紹介した京都府長岡京市の事例も父母二人が養育している中で餓死したのだし、第1章で紹介した岸和田事件の家族も父母が揃っていた。ネグレクトによって子どもが餓死してしまう事例を追っていくと、「ひとり親の養育」「複数の大人による養育」という二つの異なったパターンがあり、ひとり親家庭より夫婦二人がいる家族で事件が起きるほうが、むしろ多いという印象がある。たとえば、二〇一〇年に奈良県で発生した次の事例。

「子どもを虐待しています」

母親が泣きながら児童相談所に電話してきた。だが、職員が詳しく話を聞こうとした途端、電話が切れてしまう。焦っているところへ、気を取り直したのか再び母から電話。

「痩せています。意識はあるけど、ぐったりしています」

「虐待していたら警察に捕まるのでしょうか」

児童相談所は、救急車を呼ぶよう母に指示するとともに、子どもの名前や住所を確認して自宅に程近い当該市の児童福祉担当部署にも連絡し、急ぎ訪問してほしいと依頼した。

子どもは五歳の男児。すぐに病院に搬送されたものの、飢餓による衰弱が著しく、その日のうちに死亡したのであった。体重は同年齢の子どもの平均体重の三分の一程度。着ていた衣類の交換や入浴なども長期にわたってなされていなかったという。

家族は、三五歳の父と二六歳の母、そして三歳の妹と当の男児の四人。一体どんな経緯でこのような事態を招いたのか。少なくとも一歳までは乳児健診も受け、予防接種も済ませ、発育上の問題などは見られていないのである。ただ、男児出産後、母に隠していた父や父方親族の借金が発覚し、母へ相談することなく父が会社を辞めるなどしたため夫婦関係が悪化する。これを契機に父方実家と母との関係は絶たれ、母は男児を自分の実家に預けてパート就労し、家計の一切を切り盛りしながら借金を全て返済する。なお、男児の一歳半健診は、母の妊娠等を理由に未受診となった。母はパート勤めも辞めて男児の養育を担ったが、父が養育に関わることはほとんどなかった。

男児が二歳の時、妹が生まれた。母はこの頃、赤ちゃん返りする男児の養育に負担を感じ、加えて再び父の借金が明るみに出たことなどから精神的に不安定となり、腕にたばこの火を無数に押しつけるなどの自傷行為も出現する。また、父の再度の借金を知った母方実家が離婚を促すと、今度は自身の実家との関係も悪化し、母は祖父母に男児を会わせなくなった。

居住空間の分離

こうした状況の中で、室内を走り回っていた男児が、生後一カ月の妹の腕を踏んでしまう。住居は単身者用のワンルームマンションだ。

「危ないし、お兄ちゃんはロフトに上げようか」

父母がこんな相談をし、実行に移したことが発端となった。最初は一日数時間だったものが次第に長時間となり、四歳を過ぎた頃には男児は一日中ロフトで過ごすようになっていく。そんな中、事件が起きる。父母の留守中にロフトから降りた男児が、床にマヨネーズをまき散らし、CDを壊してしまったのである。父母はこれをきっかけに、外出するときは男児をトイレに閉じ込めるようになる。同時期、妹を認可外保育所に預けて母がパート就労を始めると、男児はトイレとロフトで日々を過ごすこととなった。一方、男児を置いて父母と妹の三人でテーマパークに出かけることもあり、妹は乳幼児健診を全て受けていたが、男児は一歳半健診だけでなく三歳児健診を受診することもなかった。

　本事例に限らず、複数の大人がいながらネグレクトによって衰弱死する子どもは、他の家族から居住空間を切り離され、隔離されてしまうことが多い。

　たとえば、無職で終日自宅で過ごす父に「俺の子育てに文句を言うなら、俺の目につかないところへやれ」と言われた母が、ベビーベッドに入れたきょうだいを冷暖房もない六畳和室に移動させ、自らは深夜長時間働きつつ、合間に一人で対応しているうちに二歳の弟が餓死し、五歳の姉も自立歩行できないほどに衰弱した事件があった（二〇一一年に千葉県で発生）。

　他にも、内縁男性に嫌われたくないという理由から、母が男性の目に触れぬよう三歳の女児をロフトに上げて「降りちゃだめ」と言い含め、死亡させた事例や、閉め切った一室にきょうだいを閉じ込め、汚物まみれで悪臭が放つ状態にしたことから一歳の弟が死亡し、二歳の兄も衰弱した事例などもあった。後者の事例では、父のほうが自動車内で寝起きし、朝方着替えを取りに帰るような生活をしていたという。あるいは、三歳女児を三畳の和室で生活させたところ、調味料をこぼすなどしたため両手両足をひもで縛り、段ボール箱に入れて出さず死亡させた事例もあった。本来同一空間で過ごすのが家族だとしたら、この子どもたちは、養育放棄どころか、いつの間にか家族の一員から除外されていたと言っても過言ではあるまい。

付随する暴力

こうした子どもたちの中には、栄養失調というだけでなく、激しい暴力を受けている場合も多い。たとえば、一歳女児を「食事が遅い」と床に放り投げたり、粗相をした二歳の女児が謝らずふてくされるからと、目も開かなくなるほどの暴行を加えていた事例があった。先に紹介した奈良県の事例でも、遺体には暴行の痕と思われる傷が残されており、母に対する判決文には、男児の反抗的な態度から「しつけの限度を超えて」叩くといった表現も盛り込まれていた。

「両親は本児に対して、「邪魔」「死んでしまえ」などと言ったことがあった」

本事例にかかる奈良県の検証報告書にはこんな一節もあったが、家族の一員として認めてもらえないだけでなく、次第に〈父母と妹の三人家族〉にとっての〈障害物〉のごとく扱われたとさえ感じさせる暴行である。

きょうだい差別

身体的虐待や性的虐待は、いつ、誰が、どこで、誰に対して、どのような行為を行ったのかがはっきりしている虐待だ。一方、ネグレクトは「状態としての虐待」であり、日頃から不衛生な状態で生活させるだとか、食事もまともに用意せず子どもが次第に痩せていくなど、二四時間続く日常生活そのものが虐待に染められている。こうした家庭にあっては、通常、子どもの一人にネグレクトが見られれば、同様の環境で生活するきょうだいもネグレクト状態にあると考えられる。

ところが、同じネグレクトといっても餓死してしまうような事例の場合、必ずしもそうとは言えない点が特徴だ。現に奈良県の事例でも、妹は健診も受け、遊びにも連れて行ってもらい、特段の問題は見られていないし、千葉県の事例でも、きょうだいには小学生の姉がいて、ごく普通に登校していた。もちろん、きょうだい皆がネグレクト状態に置かれる場合もあって、その態様は事例によって異なる。

仮に保護者が虐待を隠したい場合、身体的虐待であれば、理由をつけてしばらく保育所や学校を休ませ、傷痕が消えてから登園、登校させることもできないことはない。他方、ネグレクトが深刻化して栄養失調状態がひどくなってくると、短期間で回復することは難しいから、それを秘匿したい場合は医療も受けさせず、関係機関からの面会要請も断るしかない。中には、祖父母から身を隠すために転居した事例もあった。一方、援助機関が児童の姿を現認できない場合、次善の策としてきょうだいの様子から間接的に安否を判断しようとすることがある。しかし、きょうだい差別があれば、そうした間接的な安否確認は意味をなさず、かえってネグレクトが隠されてしまうことにもなりかねない。これらの事例が教えることは、子ども一人ひとりについて個別に状況を確認し、確実に現認すべきであるということだ。

見て見ぬふり

それにしても、父母は子どもが日に日に痩せ細っていく状態を目の当たりにしているわけだから、せめて二人のうちのどちらかがその状態を改善すべく対処することはできないものなのか。多くの人がそう感じて歯がゆい思いをさせられるのだが、こうした事例には、共通してそのような動きが見られない。むしろ親が一人だけであれば、援助を求めて深刻な事態を回避できたのではないかと思われる事例さえある。

たとえば先の奈良県の事例。ロフトに置いた男児に対して、もっぱら母が、朝はおにぎり、昼夕食にはバナナやおにぎりを置くなどしていた。しかし、男児はそれらを次第に食べなくなり、衰弱して自発的な行動も難しくなっていく。母は、そんな時に見た児童虐待に関するテレビ番組を見て、父に声を掛ける。

「私、虐待してるよね」

「そんなことない。頑張ってるよ」

父は否定し、養育の改善にはつながらなかった。母の虐待を否定した理由について、父は公判で「借金問題などで負い目があり、母を刺激したくなかったから」と説明したが、夫婦の関係性が互いを縛り、改善の芽を摘んだものと言えよう。

あるいは千葉県の事例の父。公判で「和室には一歩も入っていない」などと養育放棄は認めつつ、「死ぬとは思っていなかった」と餓死についての関与を否定したのだが、この事例でも、二人を育てきれないと感じた母が何度か父に相談していた。

「施設に預けたいんだけど……」

「家族がバラバラになってもいいのか」

「……」

「一度預けたら、二度と戻ってこないぞ」

本家族はＤＶ（配偶者間暴力）による父の支配が顕著で、母は自らの判断で支援を求めることができなかったという事情もあったようで、父が母の申し出を拒否すると事態は悪化の一途をたどっていった。餓死するような事例の場合、被害児が死亡してしまうまでには一定期間を要するはずだから、おそらくはほとんどの事例でこうした夫婦の会話がなされていると思うのだが、受診させるとか援助機関に連絡するという案は打ち消され、最悪の結果を招くのである。

ネグレクトは「状態としての虐待」だから、子どもの安全を確認するという場合、単に傷、痣の有無を見るだけでなく、衣服の様子や住居全体の状況などにも目配りする必要があるが、それに加えて夫婦の、また家族の関係性にも注意を向け、関係性を見立てる力が、援助機関には求められると言えよう。

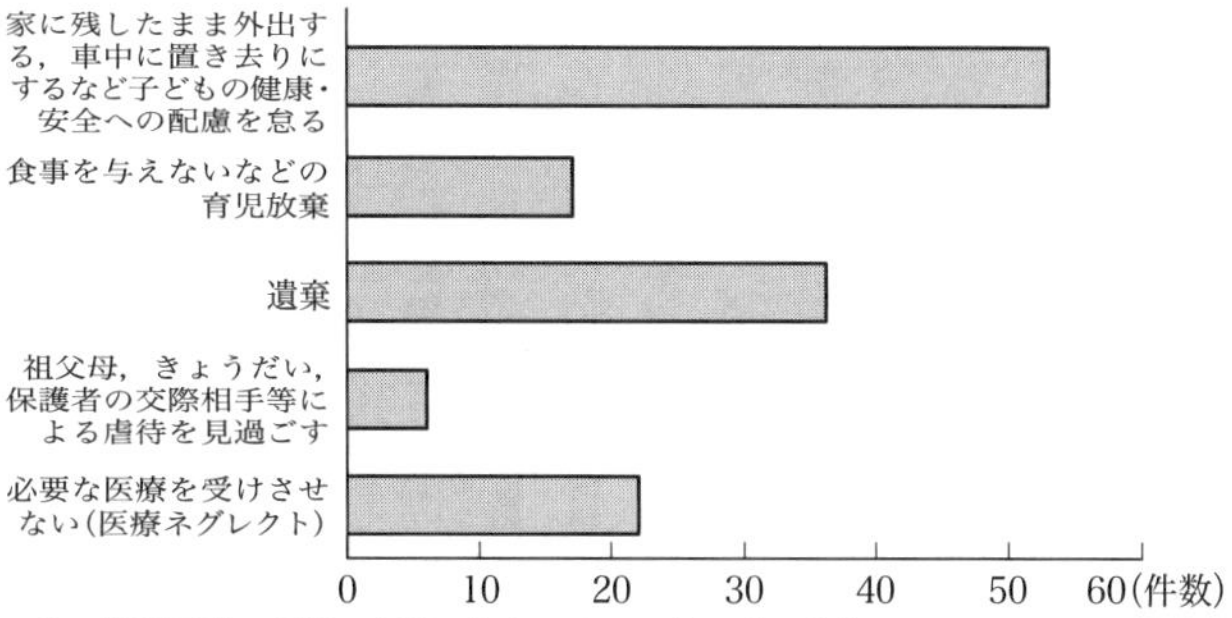

注：複数回答．項目の表現は年次によって少しずつ変化しているが，ここでは第14次のものを示した．
出典：専門委員会「子ども虐待による死亡事例等の検証結果等について」（第8〜14次報告）

図3-1　ネグレクトによる死亡の態様別件数

安全に対する無配慮

食事も与えられず子どもが餓死してしまうような事例は、虐待死の中でも強いインパクトがあり、何としてもこうした悲惨な事件をなくしたいと考える世論の力が法律や制度を変え、新たな防止策も提起されてきた。ただしネグレクトによる死亡では、こうした態様よりも、保護者が子どもの安全をないがしろにした結果、死亡してしまう事例のほうが、実は多い。図3－1は、専門委員会が、第八次から調査を始めたネグレクトによる死亡の態様別件数を示したもので、「家に残したまま外出する、車中に置き去りにするなど子どもの健康・安全への配慮を怠る」とされるものが最も多いことがわかる。

たとえば、二〇一八年四月に茨城県で発生した次の事例。

「午後六時二〇分ごろ、商業施設の敷地内駐車場において軽乗用車の車内で寝ていた生後三カ月の乳児が意識を失い、死亡する事故が起きた。約四時間にわたって車内に放置されていたとみられる」

報道によると、母(二九歳)が気づいて消防へ通報したものの、乳児はすでに死亡していたという。こうした事例では、保護者に子どもを虐待したという意識は薄く、マスコミ等が正面から虐待事件として報道することも稀で、扱いも総じて小さい。逆に危機感を抱いているのはパチンコ業界だ。二〇〇四年に警察庁が各都道府県警察等に対して「児童の車内放置事案の防止に係るぱちんこ業界への働き掛けの実施について」という通達を出したことも契機として、パチンコホールの全国組織である「全日本遊技事業協同組合連合会(全日遊連)」は、「子どもの車内放置は「児童虐待行為」です」と記したポスターを作成し、店内アナウンスによる注意喚起やスタッフによる駐車場の定期的な巡回などを実施している。また、ホームページに「子どもの事故未然防止事案報告」を掲載し、啓発に努めている。ちなみに二〇一七年度には、次のような事例が載せられていた(要約して記載)。

「駐車場巡回の際、施錠された車内後部座席に座っている三歳前後の女児を発見。直ちに店内放送にて保護者を呼び出し、一時間程度遊技をしていた両親を特定、退店させた。後日、再び両親が来店したため、店長が不審に思い声をかけたところ、幼児を車内に放置して遊技しようとしていた。両名の来店を禁止した」

「駐車場巡回の際、車内後部座席で横になり、多量の汗をかいていた五歳男児を発見。男児を降車させていたところへ保護者が現れたことから厳重注意したものの、短時間であれば問題ないとの認識。直ちに退店させた」

「来店客から「二階駐車場で子どもの泣き声がした」との通報を受けて捜索した結果、エンジン停止中で施錠され、スモークフィルムのある窓が閉じられた軽乗用車の後部座席と背もたれの間に隠すように置かれた籠の中で泣いている乳児を発見。直ちに店内放送し、数カ月前まで身重の状態で来店していた女性がスロット遊技をしていたことから声をかけたところ、車内放置の事実を認めた。しかし反省の態度は皆無であったことから、厳重注意の上、今後来店を禁止する旨を告げ、退店させた。本件については警察へ通報しており、今後、警察から児童相談所へ児童虐待事案として通告予定である」

全日遊連ホームページには、二〇一七年度だけで八二件の事案が掲載されており、死亡には至らなくとも、その恐れのある事案は無数にあると言わざるを得ない。

保護者不在で過ごす子どもたち

安全に対する配慮の欠如ということでは、子ども、特に乳幼児だけに留守番をさせて出かける行為もリスクが高い。この点については、拙著『児童虐待』で、保護者不在の家庭で火災が発生し、乳幼児が死亡する事例が珍しくないことを示して問題提起したのだが、依然としてこのような事例が後を絶たない。

たとえば、埼玉県で発生した二〇一七年四月の事例。母子家庭の母(三一歳)が外出していた夜間に出火、留守番をしていた四歳女児が死亡し、生後八カ月の赤ちゃんと五歳男児が意識不明の重体になった。母は警察で「仕事で外出していた」と説明したという。あるいは、二〇一八年一二月の宮城県での事例。午後四時頃、マンションの一室が全焼し、小学二年の兄(八歳)と弟(一歳)の二人が死亡した。家族は両親と二人の子どもの四人で、出火時には両親とも不在だった。

死亡事由は火事ばかりではない。東京では二〇一八年一一月、一人で留守番をしていた四歳男児がマンション七階から転落死している。外廊下に踏み台があり、外出していた母親の帰宅を確認しようとして転落したのではないかとの報道があった。

二〇一七年八月には、愛知県でこんな事件もあった。午後七時頃、母親(四一歳)が外出先から帰宅してみると一歳男児が居間で倒れており、急ぎ一一九番したものの死亡が確認された。男児は父(三二歳)と母および八歳の姉との四人暮らし。死因は溺死と見られており、警察の調べでは、両親が午後二時頃外出したとき浴槽は空だったが、母親が帰宅した時には水があふれていたという。両親は子どもを置いてパチンコで遊んでおり、裸で外を歩いていた姉を見かけた近所の人の連絡で帰宅した母親が、男児を見つけたのであった。本件では、八歳と一歳の子ども二人が大人不在で長時間過ごしているのだから、不慮の事故というより、安全に対する無配慮がもたらした結果と言わざるを得まい。

こうした例を聞くにつけ、車中放置はむろんのこと、幼い子どもたちに留守番をさせて保護者が外出するような行為は、実は死と子どもが隣り合わせになっているのであり、理由の如何にかかわらず明らかなネグレクトと言うほかない。

少し角度を変えて考えてみよう。大人不在で子どもを放置するのは、飲酒運転に似ているかもしれない。飲酒運転していなければ、また子どもを放置していなければ、いずれも日常生活に特段の問題はない。しかし、それらの行為の最中は常にリスクがある。ところが飲酒運転する人は、「飲み屋から自宅までの短時間じゃないか」「酔っていたって、頭はしっかりしているからな」などと合理化し、安全を軽視する。子どもだけで留守番をさせたり、車中放置するのも同様で、全日遊連が示した例の中にも「短時間であれば問題ない」などと述べて反省しない人が多い。愛知県の事例の両親も、それまでから自宅に子どもを残してパチンコやスロットに興じていたという。ただし、飲酒運転の危険性が広く知れ渡り、許されないことが社会常識となっている反面、子どもを放置することによって発生した死亡事例は単なる事故として扱われ、その危険性が問題視されることも少ない。こうした行為も、死を招くことがあるネグレクト、児童虐待だということを、まずは社会全体の共通認識としていくことが必要だろう。

医療ネグレクト

ネグレクトによる死亡のもう一つの形態は「医療ネグレクト」である。私自身も、児童相談所に勤務していた一九九〇年代にこうした事例を経験した。児童虐待防止法も制定されていない時代のことだ。自宅から幼児が勢いよく道路に飛び出した途端、出会い頭に車にはねられてしまった。運転手はすぐに一一九番通報して救急車が到着したが、それより早く保護者が子どもを自宅内に連れて入り、救急隊員に引き継ぐことを拒んだのである。警察官も説得したが聞き入れず、児童相談所に通告があった。

「父親は非常に頭のよい人ですが、新興宗教にマインドコントロールされて、現代医学を全く信用していません。それはもう徹底しています。子どもたちは全て自宅出産ですし、薬というものを家族の誰も服用したことがない。もちろん予防接種なんて全て拒否しています」

警察からこんな情報を得て家庭訪問したのだが、信仰上の仲間も来ているらしく、病院への搬送に応じる気配がない。

「お子さんはどんな様子ですか」

「後頭部が大きく切れ、ぼとぼと出血していたのでタオルで押さえています」

「大丈夫ですか？」

「自分たちでちゃんと治療していますから」

「と言いますと？」

「文字どおり手当てしています」

父親がこう話すので、さらに説明を求めると、子どもの体に手を近づけてかざしているという。

「あなた方はどうお感じになるかわかりませんが、私たちは子どもを愛していますし、医者に診せるほうが、私はかわいそうだと思っています」

と、奥から父を呼ぶ声。

「今日はこれで引き取ってください」

「わかりました。突然おじゃましてご迷惑だったと思いますが、児童相談所はあくまでも子どもの立場に立って考えるところですので、お父さんやお母さんとは考え方が違ってくるかもしれません。いずれにしても今後またお話させていただくことになると思いますので、よろしくお願いします」

任意の家庭訪問であり、これ以上押し問答を続けても事態は進まないと考えて辞したのだが、その後容体が急変したのか、父母自ら救急車を呼び、病院に搬送されている。だが時すでに遅く、幼児はその甲斐もなく死亡したのであった。

親権制度の改正

信仰を理由にしたり、子どもが障害をもって生まれたなどとして、延命に不可欠とされる治療さえ拒絶し、親権者が手術に同意しないといった事案は、児童福祉関係者だけでなく、医療機関でも以前から問題となっていた。この点につき、国として本格的に取り組むこととなったのは、児童虐待防止法第二次改正(二〇〇七年)の際に加えられた附則第二条が「政府は、この法律の施行後三年以内に、児童虐待の防止等を図り、児童の権利利益を擁護する観点から親権に係る制度の見直しについて検討を行い、その結果に基づいて必要な措置を講ずるものとする」と明記したことによる。これを受けて法務省は、二〇〇九年に「児童虐待防止のための親権制度研究会」を立ち上げる。そこでは「児童虐待や親権者による親権の不適切な行使により、子の利益が現に害され、又は害されるおそれが大きいにもかかわらず、現在の制度では対応に苦慮する場合として指摘されている事案」の一つとして「医療ネグレクト」が取り上げられた。すなわち、「未成年者が手術や治療を必要としている場合、医療機関がその未成年者に対し医療行為を行うには、通常、親権者の同意が必要とされるが、親権者が正当な理由もなくその同意を拒否して放置することにより、未成年者の生命・身体が危険にさらされるような事案」だ。

研究会での検討結果は、二〇一一年の民法改正として結実し、これまで「親権喪失」しかなかったところへ「親権停止」の制度が新たに導入された。医療ネグレクトに対しては、家庭裁判所による「親権停止」の審判や、親権停止審判の請求を本案とする保全処分の制度によって医療行為を可能とし、そうした手続きも間に合わないほどの緊急の必要があれば、児童福祉法によって児童相談所長が医療行為に同意することで手術もできるようになった。少なくとも医療ネグレクトへの対応に関しては、かなりの改善が図られたものと言えよう。親権停止等によって緊急的な手術が行われるなどの例が少しずつ報告されている。

ただし、私が経験した先の事例をあらためて振り返ると、幼児が自宅に運び込まれて保護者が医療を拒否しているのだから、命を救うためには、救急車に待機してもらいつつ医師を伴って立入調査を実施し、即決で症状を見立て、その場で一時保護を決定して病院に搬送し、児童相談所長の同意により緊急手術をするという手順が必要となる。生死の境をさまよっている幼児を前に、自宅で保護者と対立しながらここまでの取り組みをするのはかなりハードルが高い。制度はできても、現実は常に想定を超える事例があることを自覚し、その都度、懸命に努力することが求められている点は、何ら変わらないように思う。

第4章　生まれた瞬間の悲劇——嬰児殺

ルイス・デ・アルメイダ

「ある婦人たちは、出産後、赤児の首に足をのせて窒息死せしめ、別の婦人たちは、ある種の薬草を飲み、それによって堕胎に導く。ところで堺の市《まち》は大きく人口が稠密《ちゅうみつ》なので、朝方、海岸や濠に沿って歩いて行くと、幾たびとなくそこに捨てられているそうした子供たちを見受けることがある。もし母親が、出産後、捨てようと思う赤児に対して、なお幾ばくかの人情味を示そうとするならば、彼女らは赤児たちを岸に置き、潮が満ちてその児らを完全に殺すようにするか、それとも濠に投げる」

これは、一六世紀の日本にやって来て、没するまでの三〇年あまり、ほぼ日本で暮らした宣教師ルイス・フロイスの手になる『日本史』の一節である（引用は、松田毅一・川崎桃太訳『完訳フロイス日本史2 信長とフロイス——織田信長編Ⅱ』中公文庫、二〇〇〇年）。そして、こうした事態を目の当たりにし、貧困不遇の乳幼児を救済することを目的に府内（現在の大分市）に救済院を設けたのが、来日したばかりのルイス・デ・アルメイダであった。東野利夫『南蛮医アルメイダ——戦国日本を生き抜いたポルトガル人』（柏書房、一九九三年）は、それを次のように紹介している。

「（アルメイダは）千クルサドを投げ出し、育児施設をつくりたいと太守大友殿に言上《ごんじょう》した。何びとも嬰児を殺してはならぬ、子育てができない場合はこの施設につれてくるよう命令書を出してくれと請願した。大友殿は快く賛同した。この施設には貧しいキリシタンの乳母および二頭の雌牛、その他必要な設備をととのえ、孤児たちが栄養失調で死亡しないよう配慮した」

時は一五五五年、太守大友殿とはキリスト教に帰依していた大友宗麟。千クルサドが現在の貨幣価値に換算してどの程度のものかはわからないが、アルメイダが相当な覚悟で救済院を作ったことは疑いない。だが、牛の乳を飲ませることは当時の日本人の食習慣に反しており、それが影響したのか、「人間を畜生にする悪魔の仕わざ」「パードレ（宣教師）たちは孤児を住院に連れてこさせては、その赤子の生血を吸っている」などとあらぬ噂が立ち、救済院は約一年後、廃止の憂き目をみたのであった。

マビキ慣行

いま紹介したように、戦国時代の日本では、堕胎や間引き（嬰児殺）が広く行われていた。それどころか、すでに弥生時代にも間引きの風習があったのではないかと考える考古学者もいる。中橋孝博は『日本人の起源――人類誕生から縄文・弥生へ』（講談社学術文庫、二〇一九年）の中で次のように述べる。

「北部九州の弥生社会に、はたして女児を間引きするような行為が蔓延《まんえん》していたのかどうか、今のところそれを詳しく検証する手立てはなかなか得られそうにない。ただ、遺跡の密集具合から見ても人口がかなり飽和状態にあった可能性は高いし、（中略）そうした特異な現象が発生した可能性もあながち否定できないように思う」

嬰児殺の問題は、ことほどさように根が深く、時代が変遷しても、こうした風習は根強く続く。

江戸時代の例を一つ挙げてみよう。福島県南会津町が、二〇一八年三月に町文化財に指定したのは「萬事覚書帳《よろずごとおぼえがきちょう》」。麻の取引を通じて一代で財を築き、信仰心も厚いとされた角田《つのだ》藤左衛門《とうざえもん》が、一五歳だった一六八三年から五二年間にわたって書き続けた日記風の覚書である。ここには藤左衛門が、生まれた一〇人の子どものうち第一子、第二子、第五子を幼児のうちに病《やまい》で失い、四人を育て、第六、九、一〇子を「押し返し」たことが記されている。「押し返し」だとか「子返し」、あるいは「マビキ（間引き）」などは、いずれも生後すぐに子どもを殺害する行為のことだが、貧困とも無縁で子どもへの愛情も深いと言われた藤左衛門までが、どうしてこのような嬰児殺を行ったのか。当時のマビキの理由としては、貧しさのほか、双子や三つ子の場合、厄年に生まれた子、性別予想の外れた子などがあり、藤左衛門にもそうした事情があった。とはいえ、そもそも日記に「押し返し」たなどと書くこと自体、罪悪感などなかったことの証左であろう。

ただし、この頃マビキが合法だったというわけではない。図4-1は、歌川国明作「子返しの図」で、一八六二年に描かれたものだが、「子かへしする人の顔を見たくハ此鏡にうつるを見よかほかたちハやさしくとも心のすがたハ此鬼よりもおそろしきありさまなり」などと書き添えられており、天からの授かりものである子どもを心して育てるよう強調している。こうした絵や絵馬は各地で見られ、幕府や諸藩はマビキを禁止し、教諭書などを用いて啓蒙活動を行い、妊娠・出産を管理し、さらには生まれた子どもに育児金を支給するなど、さまざまな対策を立てていた。

引き継がれる嬰児殺の風習

だが、子返しの風習は明治以降もやむことはなかった。

図4-1　歌川国明「子返しの図」(1862年)

「堕胎は堕胎罪制定(明治十三年制定、十五年施行)に伴い犯罪となり、間引きは一般に「子殺し」「嬰児殺し」と呼ばれるようになったが、誕生を望まれない子どもは時代を超えて存在し、堕胎あるいは嬰児殺しの対象となってきた」

鈴木由利子は、「間引きと嬰児殺し――明治以降の事例をてがかりに」(『東北学院大学東北文化研究所紀要』第三八号、二〇〇六年）の中でこのように述べるとともに、明治時代以降に宮城県内で起こった「嬰児殺し」「子殺し」を地方紙の記事によって丹念に調べ、次のように指摘する。

「昭和初期に至るまで伝承と類似した方法で「嬰児殺し」が行われていた」

「不義の子、私生児と記された婚姻外の子どもが多いこと、貧困が原因であったことも特徴としてあげられる」

「産婦あるいは産婆による圧殺が非常に多く、自宅で出産していた時代でもあり、産室において産まれると同時に行われていた」

出産を手助けする専門家であるはずの産婆が、自ら取り上げた嬰児をすぐさま殺したと聞いて驚かされたのだが、知識ある者は、是非を問わずその知識をいかようにも用いることができるのであろう。たとえば、次のような事例が紹介されている。

「貧困のため、女児分娩後産婆に依頼し、圧迫して殺害」（一八九七（明治三〇）年）

「双子分娩後、産婆に依頼し圧殺」（一八九八（明治三一）年）

その他にも、子を産んだ娘にその母親が指図し、乳房で圧殺していたり（一九三五（昭和一〇）年）、情夫の子だとして出産後乳を与えず病死を装った事件（一九一二（明治四五）年）などもあった。鈴木によると、後者は「ホシコロシ（干し殺し）」と呼ばれ、乳房で圧殺する方法と同様、「嬰児殺しの方法が継承され続けていた」ものだという。

戦後間もない嬰児殺

こうした嬰児殺は戦後も絶えることがなく、これを早くから取り上げ、世に問うたのが、刑法学者の植松正（一九〇六―一九九九年）であった。彼は戦後間もない時期の嬰児殺一〇〇例を調査し、一九五一年に発表した「嬰児殺に関する犯罪学的研究」（植松正・木村亀二・団藤重光編『刑事法の理論と現実2 刑事訴訟法・刑事学』有斐閣）において、量刑の多くが「懲役二年執行猶予三年」とされていることを批判して、次のように述べる。

「なにゆえに、その事件は一般の殺人に対するよりもはるかに軽い刑をもって足るとせられたかの理由の明白でないものがすくなくない。その結果は、あたかも嬰児なるがゆえに、その生命は軽んぜられて当然と見られているかの如き観を呈している」

「嬰児の生命を価値少ないものと見ることは、（中略）恐らく理性的是認によるものではなく嬰児殺是認の古い因習が批判を超えて伝わっているがためであろう」

「もとより、かような因習的感情はすみやかに清算されなければならない」

基本的人権の尊重を謳った憲法が制定されてからも、日本の社会は、戦国時代、江戸時代から延々と続く「マビキ」の風習の影響を脱しきれずにいたものと思われる。

「生まれる」とは？——生産の定義

ところで、鈴木由利子は先の論文で、「「嬰児殺し」記事をみると、そのほとんどが出生直後に行われており、また、間引きの伝承にも「生まれると同時に」「生まれるとすぐ」など、出生直後に行われる事例がほとんどである」と記す。そして、伝承に「産声を上げる前に間引く」事例があることを捉え、産声は生きて生まれたことの目安だったと指摘する。つまり、「産声以前は「生きた」という前提はなく、同時に「殺す」という実感もわかなかったであろう」「民衆の視点に立つならば、「間引き」を単なる「嬰児殺し」と表現するのではなく、「子どもを生かさない」行為であると表現することが最もふさわしいと考える」というのである。

驚いた。そして考えさせられた。だったら、子どもが生まれたというのは、正確にはいつの時点を指すのか。この点について調べていくと、日本産科婦人科学会が一九六六年に「産科諸定義委員会」を設置し、その中で「生産の定義小委員会」を設けて議論していたことがわかった。そして、『日本産科婦人科学会雑誌』一九七二年二月号に「産科諸定義委員会報告」の一つとして「生産の定義小委員会」の結論が載っていた。そこには、「娩出した児に生の徴候が認められれば、医学上生産であり、生産の医学的な狭義の定義はこの点に尽きる」との表現が盛り込まれていた。私は、またしても驚くしかなかった。生まれたことについての定義が一九七〇年代になってようやく明確にされていたからである。だが、このように定義づけられた以上、一瞬たりとも生きた証のある子どもを「押し返す」ならば、それは明らかな殺人だということが、より明確になったものと言えよう。

嬰児殺の分類

このような嬰児殺が、一九七〇年代前半の「コインロッカーベイビー事件」によって社会の大きな関心を呼んだことは、すでに序章で触れた。また、事件に対する関心が「母性の喪失」などといった点に集中し、子どもの虐待死問題として取り上げられることがなかったことも、合わせて指摘した。

ただし、嬰児殺に関する研究、検討は以後も続けられ、その理解も少しずつ深まっていった。ここでは、その一つ、精神科医である作田勉が一九八〇年に報告した論文「嬰児殺の研究――現状、分類、対策、母性心理、他」(『犯罪学雑誌』第四六巻第二号)を紹介したい。本論の最も大きな特徴は、生後二四時間以内の嬰児殺を「間引き型」と「アノミー型(無規範型)」の二つに分けて検討したことだろう。第1章で私は、嬰児殺(〇日児死亡)を「貧困・子あり」と「若年・未婚の母」の二つに分類するよう試みたが、その源をたどれば作田のこの分類に行き着く。

さて、作田は「間引き型」の特徴として、

1　両親は結婚している。

2　嬰児は嫡出子（法的に正式に認められた子）である。
3　両親には既に何名かの子供がおり、経済的にそれ以上の子どもの養育は困難であると思っている。
4　殺害の理由は、避妊に対する無知や、貧困のために中絶費用がなかった、等による。

といった点を挙げ、「アノミー型」の特徴としては、

1　母親の多くは未婚であり、既婚者の場合は婚外交渉による妊娠が多い。
2　嬰児は嫡出子（法的に正規に認められた子）でない。
3　多くは初産の子である。
4　殺害理由は、主に世間体への配慮、道徳倫理感《ママ》の欠乏、男に捨てられたことによる精神的サポートの欠除、中絶の手遅れ或いは費用がないこと。

などを挙げている。

「アノミー型（無規範型）の新生児殺しは、男女関係におけるモラルの喪失、子育てに対する責任感の喪失、といった、人間としての倫理意識の不充分さに起因する新生児殺しである」

作田はこのように述べるが、こうした事例であっても倫理意識の欠如だけでは捉えきれない場合もあり、この指摘は、当時の作田の価値観の反映に過ぎないという疑いがないわけではない。

また作田は、「嬰児殺がなぜ分娩直後に多いかを考えると、これは、出産直後が最も母性愛が希

薄な時だからと思われる」といった見解も記しているが、これも七〇年代前半の「母性喪失」論の影響ではないかと思うのは、いささか穿《うが》った見方だろうか。

とはいえ、作田はこうした分類をふまえた上で、早くも(1)福祉事務所の活用、(2)子どもの人権尊重の啓蒙、(3)性のモラルの啓蒙、などの防止策を提起しており、その点でも意義深い論考と言えよう。

こうのとりのゆりかご

嬰児殺について考えるために、戦国時代から説き起こしてここまで見てきたが、こうして歴史を追っていくと、まるで人権意識の発展をたどるような感覚が生じてくる。換言すれば、生まれたばかりの命を一個の人格をもった人間として認めるために、私たちの社会は長い時間を要したのかもしれない。そして、敢えて言うなら、ようやく確立した嬰児の人権が、現代において本当に定着しているのか、それが今、問われているように思う。

その点について一石を投じたのが、「こうのとりのゆりかご」かもしれない。二〇〇六年一二月、さまざまな事情で親が養育できない新生児を匿名で受け入れる施設を設置するため、熊本県の慈恵病院は医療法に基づく建物の変更許可申請を熊本市に提出した。この計画が公表されると賛否両論が沸騰する。世間では「赤ちゃんポスト」と呼ばれることも多く、当時の安倍晋三首相も「ポストという名前に大変抵抗を感じる」とコメントしている。

では、慈恵病院はなぜこのような施設を設置しようとしたのか。一つには、子どもの虐待死に胸を痛めていた蓮田太二病院理事長らがドイツを訪問し、育てられない子どもを匿名で預ける「ベビークラッペ（赤ちゃんボックス）」を視察、その取り組みに刺激を受けたことが挙げられる。また、それと相前後して、熊本県内で嬰児が産み捨てられ、殺害され、置き去りにされる事件が相次ぎ発生したこともきっかけとなった。

「子捨てを助長する」

「安易な妊娠を増やす」

「預けられた子どもの出自を知る権利はどうなるのか」

さまざまな反対があり、申請を受けた熊本市は国や県と協議を続けていたが、二〇〇七年四月、最終的にこれを許可すると、慈恵病院は早くも翌五月、赤ちゃんを匿名で受け入れる「こうのとりのゆりかご」の運用を開始した。二〇一七年九月、運用開始から一〇年を経て公表された『「こうのとりのゆりかご」第四期検証報告書』（熊本市要保護児童対策地域協議会こうのとりのゆりかご専門部会）によると、「ゆりかご」が設置されてから二〇一七年三月末までの約一〇年間に合計一三〇人の子どもが預けられており、そのうち生後一カ月未満の新生児は一〇七人、なかでも生後七日未満の乳児が六七人と全体の過半数を占めていた。この点につき、『第四期検証報告書』

は、次のように指摘する。

「ゆりかごは、遺棄された新生児の命を救いたいという思いから設置されたものであるが、直接的に子どもの生命が救われたかどうかについては当専門部会では検証できない」

死亡した子どもの数を知ることはできても、死ななかった子どもの数を数えることは、確かに難しい。しかし、インタビューに答えてテレビカメラの前で次のように話す女性もいた(NHK取材班『なぜ、わが子を棄てるのか――「赤ちゃんポスト」一〇年の真実』NHK出版新書、二〇一八年)。

「赤ちゃんポストがなければ、今どうなっていたのかな、と考えます。ニュースで取り上げられているように、遺棄していたんじゃないかなとか……」

また、NHK取材班は、ゆりかごに預けられた当事者の少年からこんな言葉も聞き出している。

「赤ちゃんポストに入れてくれたから、今の僕がある。「ありがとう」と、言いたい」

追いつめられた女性にとって、またその女性からやがて生まれる小さな命にとって、ゆりかごが最後の砦となる場合があることは否定できまい。ただし、ゆりかご自体は安全が確保されるよう設備が整えられていても、そこにたどり着くまでの道程で、母子の命が危険にさらされるという皮肉な事態もあった。出産後間もない母親と子どもが、ゆりかごを目指して長距離を移動したり、ゆりかごに預け入れることを前提として自宅出産(孤立出産)し、自分で出産後の処置を行うなど、生命の危険を伴うような例がそれである。なかには一五〇〇グラムに達しない超低出生体重で、非常に危険な状態の新生児も預けられていたという。
「ゆりかごが開設されて一〇年経った現在もなお様々な課題を抱えた仕組みとなっている」
『第四期検証報告書』はこのように総括している。

ドイツの内密出産法

ところで、慈恵病院が参考にしたドイツのベビークラッペは、二〇〇〇年にハンブルクの公益団体が設置して以後、教会組織や民間団体の取り組みにより、ドイツ全体で約八〇カ所へと広がったという。ただし、法律的な位置づけが明確でなかったため、これに代わる合法的な制度の創設が課題となり、二〇一三年に「妊婦に対する支援の強化及び秘密出産の規制に関する法律」、いわゆる「内密出産法」が制定され、二〇一四年五月に施行されている。一体どんな制度なのか。

この法律を利用して内密出産を希望する妊婦は、自分の仮名を定め、希望する子どもの名前を複数挙げて妊娠葛藤相談所に示す。相談所は身分証明書などによって身元を確認するが、妊婦は仮名かつ無償で出産支援を受けることができる。一方、生まれた子どもが養子縁組するのに母の同意は不要だ。こうして出産すると、相談所は子の出自証明書を作成し、密封し、表に妊婦の仮名や子の生年月日などを記載して管理する。もちろん、封筒が無断で開封されることはない。

一方、子どもの出自を知る権利に関しては、子が一六歳になれば出自証明書を自由に閲覧することができるとされている。ただし、その時点でも母親に出自を知られたくない事情がある場合、子が満一五歳に達して以降、母はそのことを相談所に説明し、子に出自証明を閲覧させないことができる。それでも子が閲覧を希望するのであれば、家庭裁判所に申し立てて可否が決定される。なお、この申立てが却下された場合でも、決定から三年を経過すれば、再度の申立てが可能とされている。ドイツは、このようにして母子それぞれの権利の均衡を図ろうとしているのである。

二〇一七年七月、ドイツ連邦家族省は本法施行三年後の評価書を公表しているが、二〇一四年五月一日から二〇一六年九月三〇日までの二年五カ月の間に、内密出産に関する相談が一二七七件寄せられ、そのうち二四九件が、すなわち年間約一〇〇件が、内密出産に至ったという。また、法律施行後、ベビークラッペ等の利用件数や医療的手当のない自宅出産なども減少しており、家族省は、「内密出産法」がベビークラッペの代わりに利用されたと推測している。本制度は、ベビークラッペ等を提供している団体の多くも肯定的に評価しているが、それでもなお絶対的な匿名保持を希望する女性のニーズに応える必要があるとして、ベビークラッペ自体は引き続き存続している。一方、本法を契機としてベビークラッペを廃止するよう求めている団体もあるという。

ドイツの取り組みを知ると、わが国の現状は、まだまだ立ち遅れていると言わざるを得ず、次で見るように不幸な事件は後を絶たない。

若い女性の嬰児殺

「産んで間もない乳児の遺体を自宅内に遺棄したとして、警察は飲食店アルバイトの少女(一九歳)を死体遺棄の疑いで逮捕した。調べに対し、少女は「私が産んでバスタオルにくるんで押入に入れた」と容疑を認めているという。警察によると、少女は自宅トイレで産んだ女児の遺体を自室の押入に遺棄した疑いがある。少女は祖父母と母親と暮らしていたが妊娠を知らせておらず、トイレに大量の血液があったことから、母親が少女を病院に連れて行って検査したところ、妊娠していたことが発覚。少女が出産を告白し、母親が警察に通報したという」(二〇一八年一月)

「ホテルの一室で出産直後の男児の遺体を遺棄したとして、警察は死体遺棄の疑いで無職の少女(一九歳)を書類送検した。警察によると、少女は一年近く家出しており、家出中に妊娠。昨年暮れにホテルに宿泊し、翌日男児を出産した。少女は男児の体をお湯で洗うなどしたが、泣かなかったので死産と思い込み、ユニットバスの床に放置したもの。少女は「病院に行ったり何か一つでも赤ちゃんを生かそうという行動を取っていれば、違った結果になったと思う」などと話しているという」(二〇一八年三月)

「生まれたばかりの新生児を遺棄したとして、警察は死体遺棄の疑いで、高校一年の少年(一七歳)と、交際相手の無職少女(一六歳)を逮捕した。容疑は、少年の自宅で少女が出産した新生児の遺体をポリ袋や段ボール箱に入れ、天井裏に隠したというもの。二人はＳＮＳで知り合い、少年の家族も含めて一緒に生活。この家で出産したが死産だったとみられる。少年の家族は出産や遺棄を知らなかったという」(二〇一八年四月)

「高校の敷地内で生後間もない赤ん坊の遺体が見つかった。目立った外傷はなく、警察は死体遺棄などの疑いも視野に調べている。赤ん坊は男児とみられ、建物の間の砂地にうつぶせで横たわっていた。全裸で、へその緒が付いていた」(二〇一八年六月)

最後の例は同校の女子生徒の行為と判明したが、一〇代の女性による事件は現在でも珍しくない。そこには、一体どのような事情があるのか。

未成年の事件は、原則として家庭裁判所における非公開の審判となるため実情が明らかになりにくいが、少年鑑別所に勤務していた近藤日出夫は、法務省矯正局の許可を得て全国の少年鑑別所に協力を仰ぎ、産んだ子を出産直後に殺害した一八人の女子少年について分析している(「女子少年による嬰児殺の研究」『犯罪社会学研究』第三三号、二〇〇八年)。二〇〇一年四月からの五年間に発生した事例なのでいささか古いが、貴重なデータであり、本論考から特徴的な点をいくつか挙げてみたい。

その一つは、彼女たちの誰一人として親に相談していなかったということだ(図4-2)。近藤は女子少年を三類型に分けており、第一は、虐待環境などから家出等の問題行動が先行し、その延長線上で妊娠に至ったものの、親との対立、強がりなどから保護者に相談できなかったパター

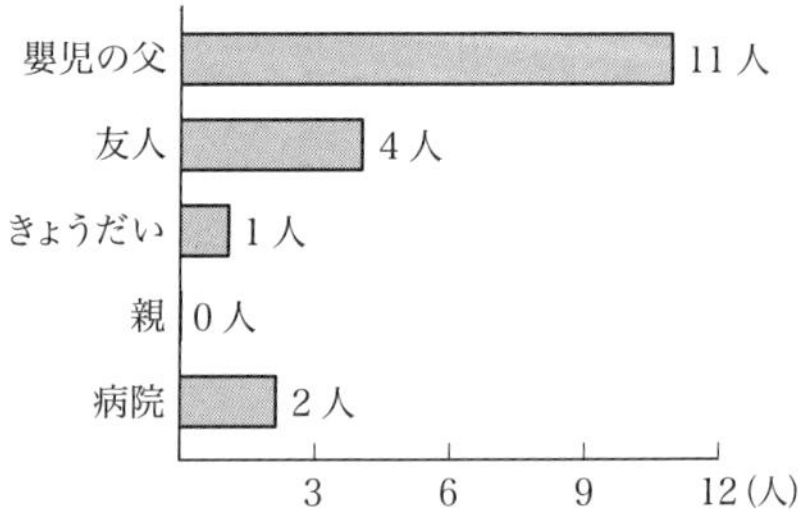

注：誰にも相談しなかった者が5人いる．
出典：近藤日出夫「女子少年による嬰児殺の研究」『犯罪社会学研究』第33号，2008年をもとに作成

図4-2　10代女子少年の嬰児殺（18例）において妊娠を相談した人（複数回答）

ン（不安定型）、第二は、性的に奥手で異性を求める手段として出会い系サイトなどを利用、男性に弄ばれて妊娠し、相手との関係も切れてしまったが、親を心配させたくないとして出産、嬰児殺に至るパターン（抑制型）、第三は、家庭では手厚く育てられてきたものの、知的な問題などもあって問題解決能力が不足しており、親に怒られたくないといった気持ちから相談しないまま出産して混乱状態に陥るパターン（未熟型）である。

「もともと性的な事柄を親に相談することは難しいものである。未婚であるにもかかわらず妊娠することは、それだけで「恥ずべきこと」と自ら感じ、妊娠を打ち明ければ激しい叱責を受ける、親を失望させる、見捨てられるという恐れを強く抱いていた。こうした感情から妊娠を保護者に相談できなかった理由は、日頃からの親子関係の在り方を反映するものでもあった」

こうした分析をふまえ、近藤は、加害女子少年が避妊や出産に関して驚くほど無知であることを指摘しつつ、「親や友人に対しても本心で援助を求めることができないほど人間関係において孤立していた」「嬰児殺にまで至りかねないリスクを多かれ少なかれそれぞれの女子少年が背負っている」と述べる。

本論考が出されて一〇年あまりが経過しているが、SNSは当時と比べものにならないほど普及している反面、女子少年の孤立はむしろ深まっている可能性もあり、援助者が、個々の事例における家族関係をよく理解して支援していくことの重要性は、ますます高まっていると言えよう。

身勝手な男性

一方、女子少年が、妊娠の事実を実父に当たる男性に相談していたのかについて見ていくと、妊娠判明時にすでに別れていたり、その場限りの交際のため交流が途絶えている、誰が実父か確証がないといった七人を除き、残りの一一人全員が相手男性に相談していた(図4―2)。ところがほとんどの男性は、無関心であったり、父であることを否認したり、あるいは「流産させれば」「様子を見よう」などと拒否的で無責任な対応に終始していたという。

二〇一五年に発生した二〇代半ばの女性による事件も、そうした例の一つだ。女性は両親との三人暮らしで、勤務態度も良好であった。合コンで知り合った男性と性関係を続けているうち妊娠し、その事実を相手男性に伝えた途端、連絡がつかなくなってしまったという。親に言い出せないまま出産を迎えて途方に暮れ、殺害してしまったのだが、相手は一体どんな人物なのか。

「アルバイト先や合コンなどで知り合った女性を口説いては、次々にセックスしていました。私には妻子がありますが、それを隠すのはもちろん、本名も明かさず、偽名を名乗って女性に接近します。「可愛いね」「好きだよ」などと褒めたたえ、相手がセックスさせてくれそうだと思えば誘い、セックスフレンドの関係になります」

これは公判で読み上げられた男性の供述調書だ。もう少し続けてみよう。

「多い時には、同時に五〜六人と肉体関係を持っていました。セックスでは避妊具を使わないようにしています。そのほうが気持ちがいいし、女性が嫌がっても、説得すればだいたい許してくれます。ただの遊び相手なので、妊娠しても中絶すればいいぐらいに考えていました。面倒なことになれば相手からの連絡を無視すればいい。もともと本名も伝えていないので、相手は勝手にあきらめてくれます」

判決は、当該女性は男性の不誠実な対応によって追いつめられた面があり、同情の余地があるとしつつ実刑となった。一方、男性が罪に問われることはない。こうした男性に何らかの制裁があって然るべきという声は強いが、現状では、女性が主体的に行動できるような性教育等の取り組みを進め、世にこのような男性がいることを知らしめるといった対策が浮かぶ程度ではないだろうか。理不尽さは拭えない。

性的虐待の被害者

殺人と死体遺棄の罪に問われた女性が、二〇一八年に新潟地裁で懲役四年の実刑判決を言い渡された裁判があった。新聞報道によると、事件の概要は次のようなものだ。

当該女性は、子ども時代に母の再婚相手と養子縁組したのだが、中学生になった頃から養父の性的虐待が始まり、妊娠してしまう。必死の思いで相談しても養父は取り合わず、その関係を母親に知られることを恐れた女性は、出産したばかりの嬰児を絞殺する。まだ一五歳の時のことだ。

「殺したのか、仕方ないな」

「こんなこともうやめて」

訴えもむなしく、その後も性虐待は続き、それを知った母親はアルコールに依存するようになり、女性は妊娠と中絶を繰り返す。そして再度の妊娠。この時、女性は二〇代半ばになっていたが、中絶手術の費用もなく、養父に経済的援助を求めて拒否され、出産を迎える。

「泣く前にやってしまえ」

養父の声に背中を押されるようにして二度目の殺害が行われ、二人して遺体を遺棄したのであった。女性はその後、身を寄せた友人の勧めで自首し、事件が発覚した。

裁判長は判決で、最初の殺害について「心身ともに未熟な被告人が性交渉を拒むのは困難で、望まない妊娠に至ったいきさつに責任はない」としつつ、二人目の殺害については、「被告人は当時すでに成人しており、手段を尽くして殺害を避けるべきだった」と述べ、事情を考慮しても二件の殺人があり、実刑は免れないとした。なお、「一切やっておりません」「客観的な証拠もなく、養女の証言は信用できない」と無罪を主張した養父にも実刑が言い渡されている。

児童虐待防止法で定義された虐待の四つの種類のうち、虐待死の原因となるのは、ほぼ全て身体的虐待もしくはネグレクトだろうが、背景にはこうした性的虐待が絡んでいる場合がある。嬰児殺を防ぐためにも性的虐待に厳しい目を向け、社会から根絶することが不可欠と言えよう。

結婚している夫婦の子

「あそこにいます」

二〇一六年、大阪府でのことだ。警察の家宅捜索を受けた母(三七歳)が指差した先には、服などの荷物に紛れ、粘着テープで巻かれた段ボール箱が置かれていた。捜査員が箱を開けると、中に入っていたのは密封されたプラスチック製の衣装ケース。そこには、産着姿で毛布に包まれ、白骨化した乳児の遺体が隠されていた。

無職で生活保護を受給していた夫婦が一六年間で一〇人の子をもうけ、死んだ一人が白骨化した遺体となって発見された事件は、このようにして発覚した。本件では、遺体が死後数年経過していることはわかったものの、死因はおろか、性別すら不明であった。父(四二歳)は、「金に困っていた」「ミルクを飲まなかったから病院へ連れて行こうとしたが、生まれて数日後に死んだ」と話したという。

嬰児殺は若い未婚女性に起きるだけでなく、夫婦揃っていながら生まれた子どもを殺《あや》める事例も稀ではない。二〇一五年に発生した事例は、次のような内容だ。

「お墓の前に子どもの死体のようなものがあります」

連絡してきたのは、たまたま寺を訪れていた観光客だった。通報を受けて現場に駆けつけた警察官は、全身泥まみれ、腐敗した生後間もない赤ちゃんの遺体を確認する。ほどなく逮捕された母は三〇歳の専業主婦。父は会社員で、二人の間には七歳を頭に三人の子どもがおり、遺棄されたのは夫婦の四人目の子どもであった。父によると、母は三人の子どもを愛情いっぱいに育てており、家事もよくできる人だったという。なお、本世帯は父の両親も同居していたので合計七人の三世代家族。一体どういった事情でこのような事態に陥ってしまったのか。

「自分が妊娠していることに気づいて、あなたはどう思ったんですか」

「育てられるかなっていう不安がありました」

「どういう意味ですか」

「経済的に苦しいことと、家族にどう思われるのかなっていう不安です」

「ご主人やご主人のご両親に妊娠のことは話していませんね」

「はい」

「もし、妊娠したということを話したら、何と言われると思っていましたか」

「三人目の時も、経済的に苦しかったので中絶するつもりでした。けれど、夫の両親から「できたんだったら産んだ方がよい」と言われて出産しました。ですので、今回も反対はされないと思ったんですけど、ちょうどその頃、近所の人のことで「あそこは子どもばっかり作って」みたいな話が出て、家計は苦しいし、内心ではどう思われるかなっていう不安があって……」

公判で、母は概ねこのように話した。寺に埋めたのはせめてもの供養だという。経済苦が原因の嬰児殺と言えそうだが、果たしてそれだけなのか。父の証言も聞いてみよう。

「あなたは、被告人が妊娠していることに気づいていましたか」

「薄々気づいていました」

「妊娠の事実について、打ち明けられていましたか」

「いや、されてません」

「では、あなたから確認しましたか」

「いや、してません」

「なぜですか」

「妊娠していれば本人から言ってくるだろうし、言わないのは何か理由があるのかなと思って……」

「ですが、妊娠していれば、産むかどうか決めないといけないし、産むのであれば、いろいろ準備も必要ですよね。それは考えなかったのですか」

「あの、今まで三人出産してたので、そういうことも本人はわかってると思いました」

「被告人に聞けなかった一番の理由は何ですか」

「やっぱり、それを聞いた時になんて言われるかという怖さもあって……」

「では、被告人があなたに妊娠を打ち明けなかった理由をどう考えていますか」

「妻は、以前から考えを溜め込んでしまうところがありました。結局、自分とのコミュニケーションが不足していたんだと思います」

遺棄した直後に母からことの顚末を聞かされたものの、妻を犯罪者にしたくないとの思いから、父は事件発覚まで伏せていたという。

本件は、今も「間引き型」の嬰児殺が続いていることを示す例と言えなくもないが、夫婦が互いに妊娠の事実に触れないまま出産を迎えたこと、父母世代と祖父母世代が率直にやりとりできていなかったことなど、家族関係の問題が大きな要素となった事件であろう。現代の「間引き」は、純粋な経済問題というだけでなく、家族関係の問題が加わって発生するものと思われる。

連続殺害事件

〇日児の死亡をここまで見てくると、ある特徴に気づかされる。嬰児殺が行われてもしばしば隠蔽され、すぐには発覚しないということだ。その結果、人知れず殺害が繰り返されることがある。生まれたばかりの新生児が、次々被害に遭うのである。

「お腹の大きい保護者がいたのですが、最近見るとへこんでいました。母子手帳など交付されましたか」

子どもが通う学校の担任教師が、保健センターに連絡してきた。保健師はそんな事実はないと答え、教師も当該女性から病気のせいと説明されたことから、この話は一件落着した。ところが三年後、またしてもその女性のお腹が大きくなっているとの情報が、保健センターに入る。さすがに放置できないと考えた保健師は、理由をつけて家庭訪問したものの、その話に触れようとすると、母はいやそうにして避けてしまう。再度の訪問を約束して辞した保健師はセンター内で協議し、今度は複数の職員で訪問した。と、明らかにお腹がへこんでいる。

「卵巣嚢腫《らんそうのうしゅ》なんです」

「病院は、近くの〇〇産婦人科ですか」

「そうです」

家庭訪問を終え、保健師が急ぎ当該産婦人科に連絡してみると、案の定、受診歴がない。あらためて協議し、警察に通報した。家宅捜索が行われると、同居している女性の父親も気づかぬうちに、妊娠・出産が繰り返されており、自宅から合計五人の嬰児遺体が発見されたのであった。二〇一五年に発覚した事例だ。

　このように連続して嬰児を殺害する事例が、過去から現在まで繰り返し出現している。なかには、九人出産して九人殺害した例もあった。また、地域の子ども会の会長をしていた母(二九歳)が事件を起こした例では、出産直後に殺害し、そのまま子ども会の会合に出席したところ、他の親が出血に気づいて救急車を呼び、入院用の荷物を取りに母の自宅に入ったことで事件が発覚、都合四人の嬰児遺体が発見されている。

　こうした連続殺害の事例に関しては、母子保健や児童福祉の側からの言及は少なく、法医学分野からの論文が多数出されている。なぜか。

「嬰児殺は司法解剖において少なからぬ割合を占めるが、特異なケースとして連続嬰児殺事例の報告が散見される。それらは、犯罪学的重要性は勿論、法医学上死体の死後変化に関し貴重な情報を与えるものである」

　前田均他「連続嬰児殺後隠匿死体の剖検例」(『犯罪学雑誌』第五七巻第五号、一九九一年)は、このようにその意義を述べる。そこで、複数の嬰児が殺害されている事件を取り上げた法医学分野の論文を収集し、確認できた七本の論文に掲載された事例を集計してみると、一九七〇年から一九九〇年までの間に、（重複して報告されたものを除き）二五事例、一〇〇遺体を数えることとなった。単純に計算して一事例で平均四人の嬰児が被害に遭っていることになる。ただし、論文の特性からこうした事例の家族状況や事件の背景が詳しく論じられているわけではなく、それらの分析は、今後の課題と言わざるを得ない。

五遺体が発見された二〇一五年の事例にしても、経済問題をはじめとして種々の事情があり、自治体の死亡事例検証等で理解を深め、事件の背景にある心理・社会的要因や、その防止策を検討することが必要だろう。

なお、本事例では、当初学校教師が妊娠を疑って保健センターに連絡したものの、妊娠や出産の事実を確認できなかったことから見過ごされ、次の被害を防ぐことができなかった。だが、おそらくは最初の段階で誰もが何かおかしいと感じたはずだから、教師の言葉をふまえてカンファレンスなどを行い、議論を深めておけば、また違った展開があった可能性があろう。母子保健や児童福祉機関をはじめとした援助機関やその職員は、違和感を忘れず、想像力を働かせる姿勢が重要であることが示唆されたように思われる。

妊娠の秘匿

一口に〇日児死亡といっても、若年女子の事例、夫婦が揃っている事例、さらには連続殺害の事例などさまざまなパターンがあった。ただし、これらに共通することもある。それは、いずれの事例も同居家族がいて、その家族に妊娠を隠していたことだ。虹センターで行った「嬰児殺に関する研究」の共同研究者である上野昌江は、〇日児殺害の五事例を検討して次のように述べる。

「母親たちは、激しい陣痛に一人で耐えながら、自らの命をかけて分娩に臨んでいる。安全な分娩からほど遠い状況のなかでも、誰にも助けを求めていない。妊娠の秘匿だけでなく、この分娩の秘匿は命にかかわる問題である。しかし、一人で対処していた」

「自らの命を危険にさらしてまで、なぜ彼らは妊娠を秘匿するのか」

「五事例に共通するのは母親自身の実父母、父親の父母そして周囲の思いや視線であった」

「〇日死亡事例は、様々な事情を抱えた家族と同居していた。この家族がいること、家族に妊娠を知られたくないという思いが、妊娠を誰にも相談しなかった一番大きな理由ではないかと考える」(「平成二七―二八年度嬰児殺の研究について」川﨑二三彦他『平成二七・二八年度研究報告書　嬰児殺に関する研究』子どもの虹情報研修センター、二〇一八年)。

女子少年の嬰児殺について検討した近藤も、「妊娠を保護者に相談できなかった理由は、日頃からの親子関係の在り方を反映するものでもあった」と指摘していたが、女子少年に限らず、嬰児殺の背景には、すべからく家族関係の問題が隠されていることを、私たちは知っておく必要があろう。仮に援助機関などが相談を受けた場合には、こうした事情をふまえ、妊婦の心情に配慮する姿勢が求められているのではないだろうか。

○日児死亡の克服という課題

さて、「心中以外の虐待死」の中で○歳児が最も多いことは、厚生労働省が二〇〇四年に行った死亡事例にかかる調査ですでにわかっていた。そこでは「死亡事例においては乳児の割合が三八%と高く、うち四ヶ月未満児が五割であったことから、特に乳児期における虐待予防対策の充実が求められている」と指摘しており、生後四カ月未満の乳児のいる全家庭を訪問し、育児を行う人の不安や悩みを聞いたり必要な情報等を提供する「こんにちは赤ちゃん事業」が始められた。二〇〇八年には、この事業が「乳児家庭全戸訪問事業」として法定化され、合わせて「出産後の養育について出産前において支援を行うことが特に必要と認められる妊婦」を「特定妊婦」と規定し、妊娠期からの支援の充実を図る努力が、自治体に求められるようになった。

一方、○歳児の中でも「○日児の死亡」に注目が集まったのは、専門委員会第六次報告で、死亡事例における○歳児の割合が六割近くに達することが示されたあたりからだろう。次の第七次報告で、「○日・○か月児の死亡事例についての検証」が特集されると、それを受けて厚生労働省は「児童虐待防止対策の推進について」という通知を発出し、次のように述べる。

「第六次報告に引き続き、第七次報告においても日齢○日の虐待死は○歳児の死亡事例の中で

表4-1　0日児死亡の実情

専門委員会報告	第1次	第2次	第3次	第4次	第5次	第6次	第7次	第8次	第9次	第10次	第11次	第12次	第13次	第14次	計
0日児死亡人数	1	6	8	8	16	22	6	9	7	11	4	15	11	11	135

出典：専門委員会「子ども虐待による死亡事例等の検証結果等について」(第1〜14次報告)

最も多い傾向を維持しており、妊娠期・周産期の問題として「望まない妊娠」、「母子健康手帳の未発行」、「妊婦健診の未受診」が高い割合にあることが認められた」

あらためて第一次から第一四次までを合計すると、〇日児の死亡だけで一三五人に達している(表4-1)。しかも保護者不明の事例、たとえば、「モーターボートを運転していた男性から「赤ん坊が浮いていた」との通報があり、警察が調べたところ、河川敷にへその緒が付いた赤ちゃんの遺体があった」(二〇一八年)といった事件などは、児童虐待防止法における虐待の定義が「保護者による行為」に限られることから、加害者が特定されない限り児童虐待による死亡と断定できず、専門委員会報告ではカウントされてこなかった。したがって、〇日児死亡にはまだ多くの暗数があると思われ、虐待死のなかでも、現在とりわけ大きな課題となっている。

にんしんSOS

こうした状況をふまえ、思いがけない妊娠などに悩む人の気持ちにより添い、電話やメールで相談を受ける「にんしんSOS」と呼ばれる相談窓口が全国各地で開設されるようになった。二〇一七年には、「全国の妊娠相談窓口の質の向上と、連携・支援のネットワーク作りにより、妊婦健診未受診、子どもの虐待死や遺棄、長期施設養育等を防ぐ」ことを目的として、「一般社団法人全国妊娠SOSネットワーク」が設立され、活発な活動が行われている。本ネットワークのホームページに掲載されている相談窓口を調べてみると、自治体の事業によるものが四四カ所、民間によるものも七カ所が確認でき、現在も全国的な広がりを続けている(二〇一九年六月調べ)。

いくつかの窓口の相談実績をみると、たとえば「こうのとりのゆりかご」を運営する慈恵病院が行う電話相談件数は年々増加し、二〇一七年度には全国から七〇〇〇件以上の相談を受けており、専門委員会第七次報告を受けて早くから相談を開始した大阪母子医療センターが運営する「にんしんSOS」も、例年一三〇〇件を超える相談が寄せられるなど、多くの窓口で多数の相談が持ちかけられている。

先に私は、「生まれたばかりの命を一個の人格をもった人間として認める」ことができているのかと問題提起したが、「にんしんSOS」の活動は、その観点に立脚したムーブメントと言ってもいいだろう。とするなら、今はまさに、かつて植松正が「(嬰児殺を是認する)かような因習的感情はすみやかに清算されなければならない」と述べた歴史的な課題を克服しようとする時代へと、ようやく歩み出したのかもしれない。

第5章　無防備の子どもが犠牲に——親子心中

テーマ別研修「死亡事例から学ぶ」

私が勤務する子どもの虹情報研修センター（虹センター）は、児童福祉法で義務化されている児童相談所長研修や児童福祉司スーパーバイザー研修のほか、市町村等の児童福祉や母子保健担当部署、また児童福祉施設等の指導者向け研修を実施している。加えて、児童虐待をめぐる動向をふまえた新たな課題や、多くの人の関心が高いテーマもしくは多くの人に関心を持ってもらいたいテーマなどを集中的に取り上げる「テーマ別研修」も企画している。その一つとして、二〇一六年には「家族への支援――死亡事例から学ぶ」を実施した。虐待死をなくしていくために私たちは何をすればいいのかを考えることを狙いとして、死亡事例についてさまざまな角度から取り上げたのだが、多方面からお願いした講師に混じって、私も一コマ「親子心中」についての講義を担当した。それまでの数年間、虹センターにおいて親子心中をテーマに研究を続けていたからである。ちなみに、研究の目的は次のとおり（川﨑二三彦他『「親子心中」に関する研究（1）』）。

いわゆる「親子心中」によって子どもが死亡する事例は、児童虐待の一つの形態として、現在も「社会保障審議会児童部会児童虐待等要保護事例の検証に関する専門委員会」が実施している「子ども虐待による死亡事例等の検証」の対象となっており、その数は、他の虐待死亡事例件数と比較しても決して少なくない。したがって、虐待死の最たるものとさえ言い得るこのような死亡事例をなくしていくことは、私たちの社会に課せられた大きな責務であると言えよう。

ところが、「親子心中」に関する分析、検証には大きな困難が伴う。というのも、（中略）加害者が死亡している場合には追跡調査の手がかりを失い、原因の追及等が壁に突き当たってしまうため、防止策を検討することも簡単ではないからである。

そこで、本研究では、あらためて「親子心中」の実情に迫り、今後の防止に寄与することを目的とする。

このように定めたのだが、たとえば、二〇一八年九月に東京都で発生、報道された次の事例などでも、調査には大きな困難があり、厳密に言えば親子心中と断定することさえできない。

「仕事を終えて帰宅した男性から、「妻が首を吊っている」と一一九番通報があった。母親（三六歳）と小学四年の長女（一〇歳）、長男（五歳）、次女（八カ月）の母子四人が心肺停止の状態で見つかり、搬送先の病院で死亡が確認された。警察は無理心中を図った可能性があるとみて調べている。関係者によると、母は「子ども三人を抱え、経済的に将来が不安だ」などと周囲に漏らしており、夫も「育児に悩んでいた様子だった」と話している」

事件発生時に現場となった自宅にいた全員が死亡しているため、仮に親子心中であっても、死亡に至る背景や動機は不明と言わざるを得ない。周囲の関係者の話を総合して推測する以外に方法がないのである。

こうした事情もあってのことか、「親子心中」を児童虐待の観点から著した書籍はほとんど見かけない。そこで、虹センターの研究では、戦前・戦後を通じて著された親子心中にかかる文献を渉猟し、二〇〇〇年代の事例を収集、分析、さらに個別事例について、死に至らなかった加害者の公判を傍聴してその特徴を明らかにするよう試みた。その結果は、私が編著者となった『虐待「親子心中」——事例から考える子ども虐待死』(福村出版、二〇一八年)としてようやく日の目を見たが、ここでは本研究から得られた知見をエッセンスとして取り出し、親子心中の特徴や防止策について考える。これらをさらに深めたい方は、今挙げた拙著を参照されたい。

「考えたことがありませんでした」

ところで、先のテーマ別研修における講義を聞いた参加者の感想は、現在の親子心中に対する社会の見方を象徴しているように、私には思われた。研修の対象者は「各所属機関等で指導的立場にあり、児童虐待対応経験通算三年を満たした者」だったが、こもごも次のような感想が寄せられたのである。

「親子心中について、正直考えたことがなかったので、現状に衝撃を受けました」

「私は、親子心中に関しては全く知らずに無知であったと痛感しました」

「講義を聞くまで虐待と親子心中は結びついていませんでした」

「親子心中も虐待であることはわかっていたつもりですが、通常の虐待より意識が下がっていました」

「親子心中が明治・大正時代から存在したことに驚きました」

「親子心中には関係機関があまり関与しておらず、虐待の中でもスポットがあたっていないけれど、虐待死の一つであり、大きな人権侵害であると、あらためて認識しました」

「親子心中を取り上げた虐待研修を受けたのは初めてでした。心中は児童虐待の最たるものという認識は、まだ広まっていないように感じます」

虐待対応経験三年以上とはいうものの、参加者の所属機関は多様であり、親子心中の具体的な事例に接する機会がない方もあっただろう。とはいえ、親子心中に対する注目度は総じて低い。そもそも親子心中は虐待死であるという理解も浸透しているとは言えず、おそらくは社会一般にも、また親子心中を企てる当事者さえ、それを虐待だと捉える感覚がないように、私には思われる。

とはいえ、子どもたちは、全幅の信頼を寄せている父や母が自分を殺めようとするなど考えてもいないから、無防備のまま死に至る。死に際して何某かのことを訴える機会すら与えられず、突然殺害されるのだから、親子心中は、やはり子どもにとっては虐待の最たるものと言わざるを得ない。

バラつく被害児の年齢

さて、専門委員会は「心中による虐待死」と「心中以外の虐待死」とではさまざまな点で違いがあるとして、早くから二つを分けて検討しているが、相違点の一つに被害児の年齢がある。「心中以外の虐待死」では、図5－1のとおり〇歳児が四割を超えている。中でも〇日児の死亡が大きな課題となっていることはすでに述べたが、心中事例は、図5－2のように年齢がバラついている。子どもにすれば、親が自分を殺すことなど一瞬たりとも思い及ばず、一方親は、こっそり眠剤を飲ませるとか、練炭などで室内に一酸化炭素を充満させる、あるいは車ごと海に飛び込むなどして、子どもが気づかぬうちに種々の方法を用いて実行するのだから、年齢が高くても防ぎようがない。その点とも関連して、親子心中では一度に複数の子どもが犠牲になることも多い。子どもは年齢を問わず、親の意思一つでいとも簡単に命を失うのである。

戦前の親子心中

ここからは、わが国における親子心中の歴史を駆け足で振り返っておきたい。先の研修参加者の感想に、親子心中が明治・大正時代から存在したことに驚いたというものがあったが、親子心中は、むしろ戦前の方が件数も多く、社会的関心も高かった。たとえば、精神科医として児童教育に終生を捧げた三田《さんだ》谷《や》啓《ひらく》(一八八一—一九六二年)は、一九一六(大正五)年に著した論文「児童虐待に就て」(『救済研究』第四巻第八号)の中で、「児童を虐待して次に自ら死亡するもの多し」と述べ、多くの事例を紹介している。たとえば、

「夫死亡し家計不如意のため、長男(一一歳)の咽喉を刺して殺せり。後自殺を企つ」

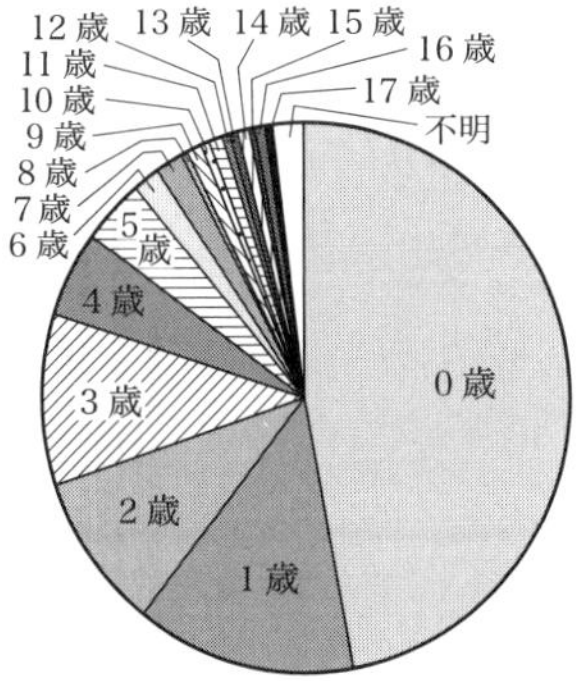

出典：専門委員会「子ども虐待による死亡事例等の検証結果等について」(第1〜14次報告)

図5-1　心中以外の虐待死の年齢別割合

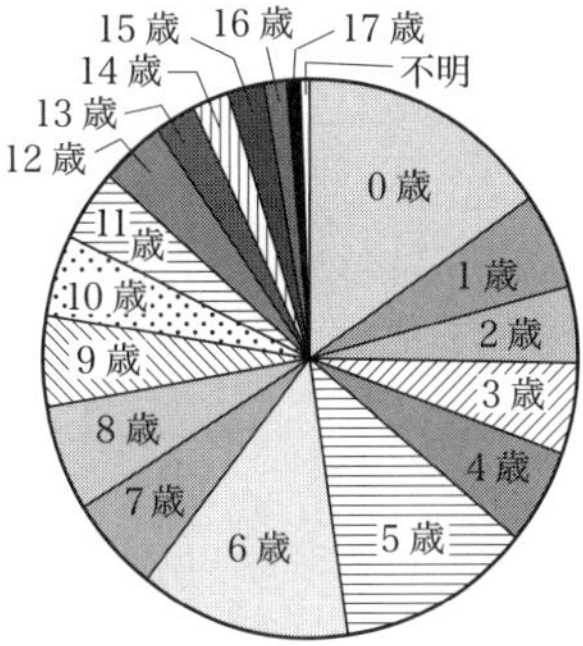

出典：同上

図5-2　心中による虐待死の年齢別割合

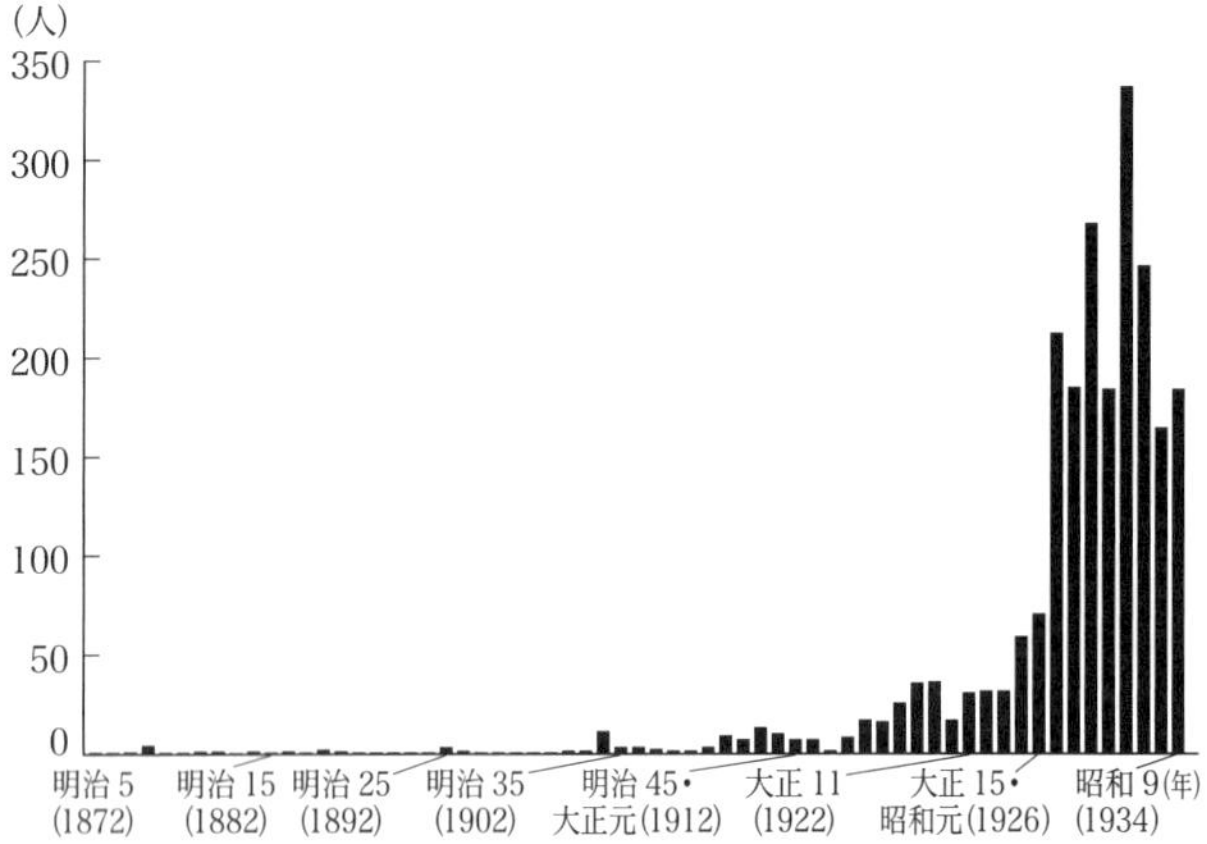

注：本図には，少数だが成人した子どもも含まれている．
出典：小峰茂之「明治大正昭和年間に於ける親子心中の医学的考察」小峰研究所編『財団法人小峰研究所紀要　邦文第 5 巻』(1937 年)

図 5-3　親子心中で死亡した子どもの人数

「生活難。長男(六歳)を沼に投じ、次男(二歳)を負うて投身」

これらは母子心中の例だが、父親による事例もある。次のような例だ。

「商業の失敗。短刀にて(三歳男、七歳女)刺殺。後自殺す」
「家計難。(長男八歳)親子三人共毒を呑んで死す」

戦前の親子心中は「貧困心中」と呼ばれることもあり、多くは背景に貧困問題がある。精神科医の小峰茂之(一八八三―一九四二年)も、一九三七(昭和一二)年に著した「明治大正昭和年間に於ける親子心中の医学的考察」(小峰研究所編『財団法人小峰研究所紀要　邦文第五巻』)で、米価の高騰と親子心中の増加が不離不即の関係にあるなどと述べている。その真偽はともかく、親子心中が大正末年頃から昭和のはじめにかけて急増していることは疑いない（図5－3）。「親子心中」という用語が新聞報道などで用いられるようになるのもこの頃からだ。ちなみに最も多かった一九三一（昭和六）年には、三三七人もの子どもが犠牲となっている。

親子心中の美化

このようにして事例数が急増し、「親子心中」という用語も生まれて社会の関心が高まると、不思議なことに、それまで児童虐待と認識されていたものを、何か美しいもののように捉える現象が生じる。それを端的に示した例として、次のような発言があった。

「人道上親子心中をやる人は本当にまた日本人として最も尊ばれる所の人間の羞恥心を多分に持っている人であるともいい得る訳です」

一九三四（昭和九）年の新聞（新報知）企画座談会「親子心中を如何にして防ぐか」における発言として採録されたものだ（滝内大三「最近の親子心中をとおして見た日本人の子ども観について」『教育』第二三巻第六号、一九七三年）。情交ある男女の合意の上での共同自殺を指す「心中」が、相互に真実を尽くし合った結果としての行為として美化され、それが親子心中にも影響したのだろう。先に紹介した研修参加者の感想に、「虐待と親子心中は結びついていませんでした」などとあったのは、もしかしたらこうした歴史の残滓《ざんし》が未だ克服されていないことを示唆しているのかもしれない。もちろん、子どもが殺害されるという動かぬ事実を前にして、多くの識者が親子心中美化論を批判した。「心中」に代わる種々の用語、たとえば「親子同伴死」「両殺症」「道連れ自殺」「拡大自殺」「親子自・他殺」などを提案したのもその一つだが、それらはいずれも周知されているとは言い難い。

親子心中日本固有説

ところで、先の座談会の発言を注意深く読むと、親子心中が美化されると同時に、それは日本人らしい行為であるとの論理、つまり親子心中日本固有説が見え隠れする。だが、そこに特段の根拠があったわけではなく、親子心中日本固有説は、むしろ事実に反していたというべきであろう。現に二〇〇〇年代の事例の中にも、外国籍の父母によるものが散見される。たとえば、次のような例。

「イラン国籍の父(四一歳)が、刃物で日本人の母(三二歳)と長女(一歳)を切りつけた後、自分の首などを切って自殺した。長女は出血多量で死亡、母は生存。父は一カ月程前まで会社勤務していたが、事件当時は無職だった」(二〇〇〇年)

「ホテルの一室で韓国籍の母(三八歳)と長女(四歳)の遺体が発見された。母は縊死《いし》、長女には薬物を飲ませた形跡があった。母の遺書もあり、警察は無理心中とみている」(二〇〇二年)

これらは日本国内での事件だが、海外でも多くの事例が見られる。アメリカの例を紹介しよう。

「父が、自宅で五歳と六歳の娘を一階の風呂に沈めて殺害し、自身は三階の部屋で自殺。父は母子と別居しており、この日は子どもとの面会日で、面会についての裁判が終結したばかりだった」(ニュージャージー州、二〇〇七年)

「小学校教員である母が、五歳の息子と四カ月の娘とともに部屋にこもって窓を閉め、ガス栓を開き、自分の手首を切った。二人の子どもは死亡。「子どもたちを"better place"に連れて行く」という内容の遺書が発見された」(ニューヨーク州、二〇一二年)

こうした事実があるのに、親子心中は、なぜ日本固有のものとされたのか。この点に答えたのが精神科医の稲村博(一九三五―一九九六年)である。彼は、一九七七年に著した『自殺学――その治療と予防のために』(東京大学出版会)の中で、次のように述べる。

「親子心中は、率に差はあるが、広く世界に見られる現象であり、また古代から現代までいずれの時代にもあったと考えられる。わが国には、親子心中を日本を含めた東洋の一部にのみみられる現象だと断じたり、また現代に特異的なものとする主張があるが、いずれも事実や文献の記載に反している」

「欧米の報告では、直接に親子心中の実数を知ることはできないが、他の資料からある程度推測が可能である。最も参考となるのは、殺人、なかんずく子殺しである。子殺しのうち、加害者の自殺企図が犯行時に随伴するものは、その多くが親子心中とみなせるし、また殺人全体のうちで、犯行時に自殺が随伴しているものに心中が多く含まれる。しかも、その大部分は親子心中である」

日本で「親子心中」という用語が使われるようになって社会的関心がますます高まったのとは反対に、欧米ではこうした〝便利な〟用語がないことで、親子心中がマスキングされている(隠されている)のかもしれない。

他方、戦前の日本には日本人特有の美的精神があるという前提があり、世間を騒がす社会現象であった親子心中も、それを例証するものの一つに祭り上げられ、美化されたということはないだろうか。だとするなら、親子心中は必然的に日本固有のものでなければなるまい。事実に基づくのではなく、愛国主義的主張に沿って生まれたのが親子心中日本固有説だというのが、現在の私の仮説である。

父母で異なる心中の態様

「母子心中と父子心中ではメカニズムが異なるということを初めて知りました」

「母子心中、父子心中には違いがあるという話は興味深く、父母それぞれを支援している立場として知っておくべきだと思いました」

これらも、冒頭で紹介した研修参加者の感想である。もう少し続けてみよう。

「心中事例について細かく説明いただき勉強になりました。加害者母と加害者父の違い、それぞれの特徴がよくわかりました。母の事例の特徴は他の虐待事例にも一部つながるところがあり、心中を虐待死と別扱いせずに考えていきたいと思います」

「母子家庭と父子家庭、どこか異なることは肌で感じていましたが、今回、心中という視点で説明いただいて、納得するところが多かったです」

参加者の感想にも示されているように、同じ親子心中と言っても、父と母、若しくは男性と女性によって背景や態様に違いがある。にもかかわらず、こうした父母の違いは、これまであまり注目されてこなかった。

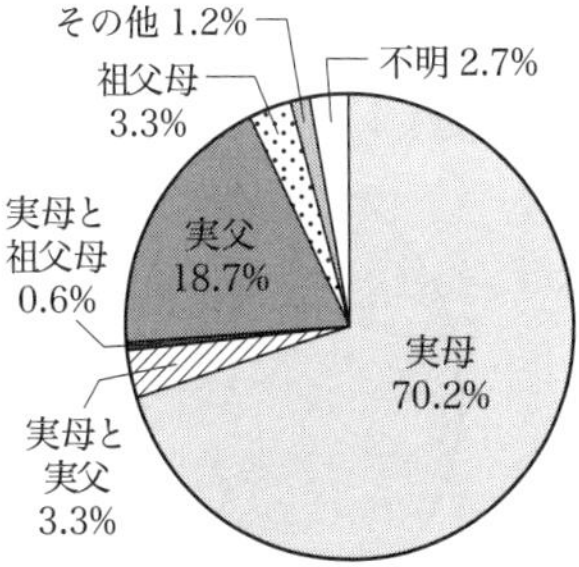

出典：専門委員会「子ども虐待による死亡事例等の検証結果等について」(第1〜14次報告)

図 5-4　主たる加害者(心中による虐待死)

「自殺者の性別は男子が女子よりも多きを通則とするに反して児童虐待者の女性の自殺するもの男子より多きは注目すべきことなり」

このように述べたのは、先にも引用した三田谷啓だが、こうした傾向は戦前戦後を通じて一貫している。

ちなみに専門委員会によると、母子心中は、一四次までを通して心中全体の約七割で、三分の二を超えてい

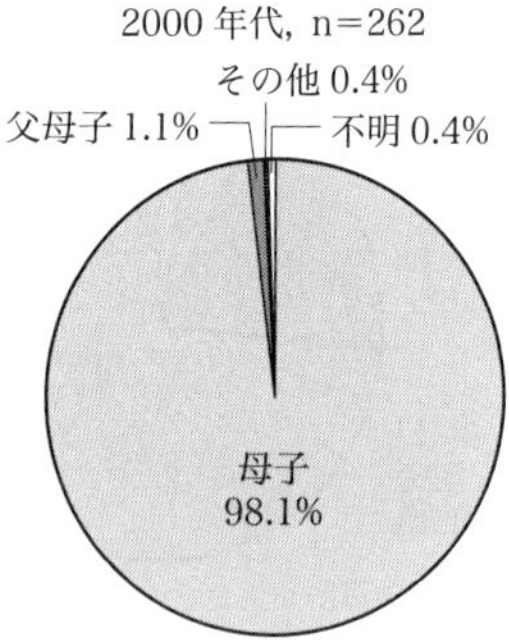

出典：子どもの虹情報研修センターによる調査

図 5-5　「実母」単独加害者の場合の心中の形態

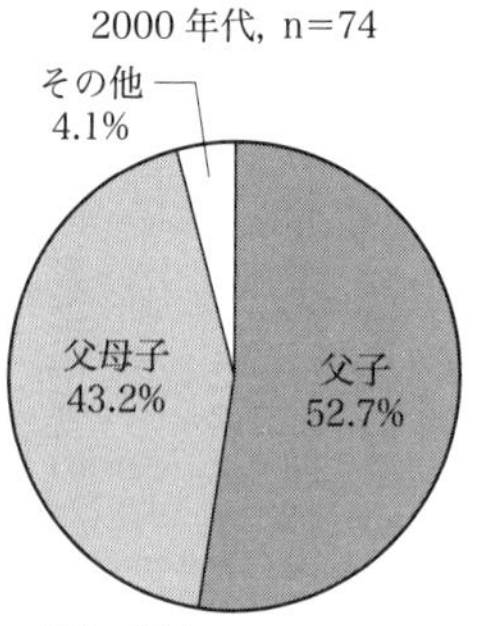

出典：同上

図 5-6　「実父」単独加害者の場合の心中の形態

る(図5－4)。「心中による虐待死」の中で父母の特性の違いにあまり注意が向けられなかったのは、件数の多い母子心中への関心が集中し、父子心中や父母の相違などについての考察が後回しにされたからかもしれない。

そこでここからは、父母の違いに着目しながら検討を進めていく。まず注目したいのは、親子心中の形態である。図5－5と図5－6は、虹センター研究において、二〇〇〇年代の親子心中事例を新聞報道によって収集し、加害者別に集約したものだが、それによると「父が単独加害者となった事例」と「母が単独加害者となった事例」の形態別割合には明らかな差があった。すなわち、加害者母の場合は、そのほとんどが「母子心中」であり「父母子心中」はほとんど出現しないのに対し、加害者父の場合は、「父母子心中」、つまりは一家心中の事例が四割を超えている。この違いを意識しつつ、まずは加害者父の事例から考えてみたい。

加害者父の事例

「テレビを見てたら、いきなり叫び声が聞こえた。ふざけてるだけと思っていたけど、見に行った妹が、泣きながら「ママが大変」って叫んだ。それで自分も見に行ったら、お父さんがお母さんに向かって包丁を振りあげていた」

これは、かろうじて難を逃れた中学生の姉の供述だ。一体何が起こったというのか。事件の発生は二〇一三年。家族は父母と姉妹の四人で、妹は小学生。父は会社員だったが、借金に追われ、退職金を返済の一部に充てるために会社を辞め、当時は無職だった。借金の原因は無理して購入した自宅のローンであったり、転居や単身赴任による生活費の高騰などだが、家計が火の車でカードローンを頼って日々の生活費を賄っていることを、父は母に説明していない。一方母は、家計を顧みず旅行やパチンコなどで散財する。以下は、父の公判傍聴メモをもとにした再現である。

「あなたもパチンコに行きましたよね」

「はい」

「あなた一人で行くこともあったのではないですか」

「はい」

「なぜですか、家計の状況は限界だったんでしょう」

「妻が「気になる台があるから行ってきて」と言うので……」

父は言われるがままにパチンコに行き、事件前日も、母に誘われてパチンコ店で合流している。だが、この頃には所持金も底をつき、実家に幾ばくかを用立てて欲しいと頼み込む状況だった。

「明日には引き出せるようにしておくから」

こんな返事をもらって翌日銀行のＡＴＭに出向くと、入金されているはずの金額が通帳に打ち出されてこない。実際にはすでに振り込まれていたのだが、単に記帳欄がいっぱいになっていただけのことであった。生憎《あいにく》休日のため銀行に確認することもできず、頼みの綱からも見放されたと思い込んだ父は、途方に暮れる。

「自分だけが死ぬという考えは浮かびませんでしたか」

「それでは妻や子どもが苦労するので……」

追いつめられた末の最後のきっかけは、預金通帳の誤読だった。その日、一旦帰宅した父は家族で昼食を済ませ、母が外出しようとするのを見て覚悟を決め、隠し持った包丁で、母の背後から首を刺す。

「あなたはその時、奥さんに何か言いましたか」

「一緒に死んでくれと言いました」

「奥さんは？」

「わかった。わかったから冷静に話し合おう、子どもたちのことも考えて、と」

「それで？」

「自分はもう心中するつもりだったから、次に脇腹を刺しました」

こうして母は絶命する。それを二人の子どもたちが見ていた。父は、近くにいた妹の首を、やはり背後から刺す。即死状態だった。

「姉は？」

「後ずさりして逃げたので、追いかけました」

「それで？」

「一緒に死んでくれと言いましたが、「いやだ、死にたくない」と……」

父が向けた包丁を、姉は素手でつかみ、それを見て父はようやく包丁を手放したのであった。姉は裸足で飛び出し、近所に駆け込んで助けを求める。一人残った父は焼身自殺を企図して自宅に火をつけたものの、駆けつけた警察官に現行犯逮捕されたのであった。

父親が心中を企図するとき、多額の借金、負債がその背景にあることは珍しくない。戦前も貧困が大きな理由となっていたが、現在は絶対的な貧困ではなく、事業の失敗やギャンブルなどによる経済的破綻が多い。

夫婦関係の行き詰まり

また、離婚問題など夫婦関係の行き詰まりも、しばしば重要な動機となる。

「父(三〇歳)が、包丁で母(二九歳)と長男(三歳)の首や胸などをそれぞれ四〇回以上刺して殺害。その後、父自身も自殺を図ったが死に切れなかった。父は「妻の離婚の意思が固かったことから二人を殺して自分も死のうと考えた」と供述。母と長男は一カ月近く実家に帰省し、四、五日前に戻ったばかりだった」(二〇〇六年)

離婚問題が浮上し、別れたくないのにそれを止めることができず、いっそのこと家族全員で死のうとしたのだろう。こうした事件は、離婚が成立した後も勃発する。

「父(三一歳)が、離婚した母(三一歳)・長女(八歳)・長男(五歳)を乗せた車ごと池に飛び込んだ。子ども二人は後部座席で水死、父母は脱出したが、母は泳げず水死した。生き残った父は「復縁を迫ったが断られたため無理心中を図った」と供述した」(二〇〇〇年)

「父(二一歳)が、母(二二歳)・長男(二歳)・次男(七カ月)を包丁で刺して殺害し、マンション屋上から投身自殺した。遺書はなかったが、夫婦は事件数日前に離婚しており、子どもたちは母が引き取る予定だった。父は「(妻が)別の男と一緒になっても、その男と別れたらまた一緒になる」

と周りに未練を打ち明けていた」(二〇〇一年)
離婚した元妻をも巻き込んでの一家心中と言えよう。では、こうした動機の場合、離婚や別居した妻が自身の手の届かぬところへ去っているときにはどうするのか。
「父(四一歳)と双子の長男(四歳)・次男(四歳)、長女(三歳)が倒れて死亡しているのを、訪れた父方祖父母が見つけた。室内には炭を燃やした跡があり、遺書のようなメモ書きが見つかった。母は家出しており、離婚調停が始まったところだった」(二〇〇九年)
「父が「娘を殺した」と一一〇番した。母の申し出により離婚が成立した直後のことだった。父は多額の負債を抱えており、八歳の娘は母が引き取ったが、父が連れ出し、「私の子、渡さない」などの遺書を残していた」(二〇一一年)
こうした事例も、仮に母が傍にいれば一家心中になりかねなかったと私は想像する。最後の例は、先に紹介したアメリカの事例——面会日に五歳と六歳の娘を風呂に沈めて殺害し、自殺した父親の事例——との共通性を感じさせるが、洋の東西を問わず、夫婦関係の危機、離婚等に直面して望みを絶たれたと思う男性の中には、絶望して父子心中、一家心中に至る者が出てくるのである。

加害者母の事例

次に、母が加害者の場合を考えてみたい。二〇一〇年に発生した事例を紹介しよう。

事件はホテルの客室で起こった。離婚して母子で実家に戻っていた母(三八歳)が、翌年就学を迎える五歳の女児の首を絞めて殺害し、自らは大量服薬による自殺を図ったものの救急搬送され、命を取り留めた。公判での母の証言によると、心中を決意した後、以前利用したことがあるホテルを死に場所と定め、事件二日前には下見もしたという。また、実家の両親に気づかれぬよう、子どもの塾通いの日を選んで母子で出かけ、そのままホテルにチェックインして実行している。経緯を振り返ると、母はそれまで心療内科を受診しており、女児が一歳の頃から援助機関に育児の不安を訴えていた。

「うつがひどくなると寝込んでしまい、その間に事故が起きないか心配です」

「子どもに偏食がある。離乳食がうまく作れなかったからでしょうか」

「幼稚園バスを待っている間、他の母親たちの輪に入れなくて苦痛です」

時には、父が相談を持ちかけることもあった。

「母親がうつ病で家事や育児ができず、困っています」

こうした中、理由は定かでないが、母は離婚を考え、調停を求める。その際、女児の状況もふまえる必要があるとして医療機関を受診したところ、障害の疑いがあると診断される。父は必ずしも離婚を望んではいなかったようだが、母の希望を受け入れて離婚が成立した。女児の入学時期から数えて約一年前のことである。離婚後、母は就学について悩むようになる。

「幼稚園の友だちとうまく行っているのかどうかわからない」

「字を書くのが苦手なようで心配」

「通常の学級でついて行けるのか不安です」

これに対し、教育委員会に設置されている就学指導委員会は、調査結果をふまえて「普通学級が適当」と判断し、その旨を母に伝えた。

「よかったです。それを聞いてほっとしました」

母もこのように返事したのだが、事件は、それから一カ月も経たないうちに発生した。障害の程度も軽く、母も喜んでいる様子がうかがえたのに、どうしてこのようなことになったのか。公判で、母は事件を起こすまでの気持ちを次のように説明した。

「入学までに字が書けるようにならないと、いじめられるかもしれない」

「子どもに悲しい思いをさせる前に楽にさせてあげよう」

「子どもを殺して自分も死のう」

こうした思考の末の事件であった。判決は、母の精神的な不調もふまえて執行猶予となった。

母子心中の背景に多い精神疾患

もう一事例紹介してみたい。事件発生は、二〇一二年のことだ。

「家族が自宅で倒れている」

午後七時半頃、一一九番通報してきたのは帰宅したばかりの父。警察が駆けつけたところ、長男（一〇歳）、次男（八歳）、長女（四歳）三人の子どもが居間で死亡しており、母（三七歳）も手首から血を流していた。子どもは全員が窒息死で、母が「子どもたちの首を絞めた」と話したことから逮捕され、「自分も死ぬつもりだった」と供述した。それにしても、一〇歳にもなっている長男をはじめ三人もの子どもをどのようにして殺害したのか。

「昼食のカレーに眠剤を入れました。子どもたちは全員寝入りました」

「最初に次男の首を、縄跳びの縄で絞めました」

「次男は鼻から出血し、仰向けのまま足を動かしたけれど、そのまま続けているうち、動かなくなりました」

「次に長男の首に縄をかけて絞めました」

「長男は「痛い」と呟いたけれど、力は緩めませんでした。長男の手が一瞬上がり、その後パタンと落ちました」

「最後は長女です。まだ小さいし、ぬいぐるみを傍に置いて寝ていて、一番可愛いので最初は止めようかとも思ったのですが……」

「首を絞め続けていると、左手をギュッと握り、その力が抜けたので心臓の音を確認したら、止まっていました」

母は、このようにして三人を殺害すると、自身も眠剤を飲んで手首をリストカットする。「このまま死ねる」と思っていたところへ、父が帰宅したのであった。

公判での証言によると、母は人付き合いが苦手で、中学生の頃いじめに遭い自殺未遂も起こしていた。結婚後は三人の子どもをもうけるが、父の転勤を機に住み慣れた地から引っ越すと、情緒不安定になる。見知らぬ地に馴染めぬ母を思い、父は仕事を辞めて地元に戻ったのであった。

母は精神科を受診し、抗うつ剤などを処方してもらうが、その後、自宅購入をめぐって父母の意見が対立し、夫婦関係が険悪になっていく。

「いやなことが重なって、生きていたくない」

「自殺するのに、一人で死ぬのは寂しい」

「子どもたちを道連れにすれば、父も後悔するだろう」

「子どもたちが眠っているうちに苦しませずに死なせたい」

自殺願望が強まり、あわせて母子心中も脳裏をかすめるようになる。そんなある日のことだ。

父が子ども三人と昼食に行くというので、母は三〇〇〇円を渡した。

「これでは足らないな」

「じゃあ五〇〇〇円。全部使ってくれれば！」

母は興奮して子どもの上履きを壁に投げつけ、涙が止まらなかったという。一方、食事を済ませ、子どもたちとゲームセンターで少し遊んでから帰宅した父は、小銭だけになったお釣りを黙って返す。

「四〇〇〇円以上使ってるのに一言もない」

「自分がどれだけ私を追いつめているのか分かっていない」

母は絶望し、心中を決意したという。事件前日のことだ。なお、精神鑑定では、母に明確なストレスが存在することから「適応障害」と診断され、自宅購入問題が起きた頃から発症し、希死念慮が拡大自殺に発展していったとの見解が示された。判決では、責任能力が著しく障害されたとまでは言えず、将来ある三人の子どもを次々と殺害したこと、夫婦間のすれ違いという動機は身勝手であるなどとして実刑が言い渡された。

ここまでみてきた二事例とも母親に精神疾患が認められるが、母子心中ではこうした事例が目立つ。図5‐7は、実母の精神疾患の有無について、専門委員会が統計を取り始めた第五次から第一四次までの件数を示したもので、医師による診断がない場合は不明扱いとなるため、疑わしい事例も不明に含まれているが、「心中」では精神疾患「あり」が「なし」よりも多くなっている。母子心中を防ぐためには、精神疾患を有する保護者に対する支援のあり方を検討し、丁寧に対応していくことが必要だろう。

なお、預金残高を誤読して一家心中を試みた父にしても、通常では考えられないような判断ミスと言わざるを得ず、精神的不調が生じていた可能性もないとは言えない。精神疾患の問題は、必ずしも母に限られたものではないことにも留意する必要があろう。こうした親子心中は、第2章で述べた「精神疾患の影響による殺害」と背景要因が重なっているとも思われ、それらを比較することで、親子心中事例の特徴や対策を深めることもできるように思う。

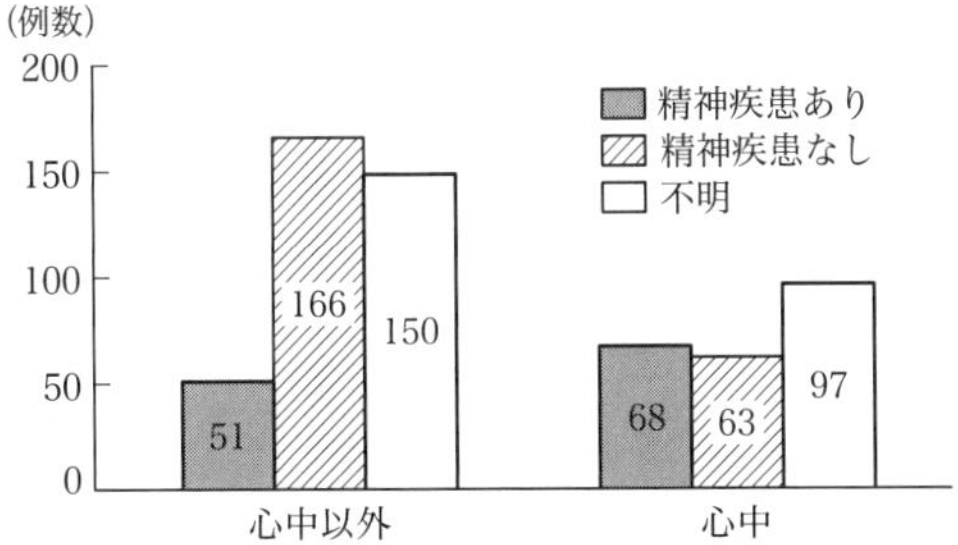

出典：専門委員会「子ども虐待による死亡事例等の検証結果等について」(第5〜14次報告)

図5-7　加害者母の精神疾患の有無

血縁関係の中で起きる心中

ところで、専門委員会調査では、実母による母子心中が約七割にのぼっている反面、養母や継母など「実母以外の母」が加害者となった事例はただの一件も確認されていない。こうした傾向は、警察庁統計でも同様だ。警察庁は、児童虐待防止法が制定された後の二〇〇三年から「保護者が、児童と共に死ぬことを企図し、児童を殺害(未遂を含む)して自殺(未遂を含む)を図った場合(いわゆる無理心中)」を計上するようになったが、それによると二〇〇三年から二〇一八年までの一六年間で、加害者「母親等」四二五人のうち実母は四一二人(九六・九%)、また、「父親等」を見ても、合計一一三人のうち実父は一〇二人(九〇・三%)にのぼっていた。しかも、「父親等」「母親等」の中には血縁関係のある祖父母なども含まれるから、非血縁関係の親子による心中事例はほとんどないということになる。例外はあるにせよ、心中は血縁関係のある家族内で起きる事象なのである。

こうした傾向は戦前戦後を通じて一貫している。その理由としてよく言われるのが、我が子を自己の所有物のように考えているというものだ。小峰茂之も、戦前すでに「潜在的に子供に対する親愛の所有観念が著しく多いのを多分に蔵している」と述べている。ただ、子どもを自らの所有物とみなすと言っても、特に母子心中では、単なる自己の所有物というより母子一体的感覚、母と子の(自我の)境界の曖昧さとしての所有感覚ではないかと、私は推測する。小峰も次のように指摘していた。

「女性は其天賦の育児本能から、母性として先天的に子供への強い愛情を植えつけられて居て子供を離れる事は手足をもがれる思いがする愛児本能がある」

現在、母性本能を強調するような論調は影を潜めているが、先に見た事例の母たちが、「子どもに悲しい思いをさせる前に楽にさせてあげよう」「自殺するのに、一人で死ぬのは寂しい」などと供述しているのを聞くと、やはり自身と子どもとの間に厳然と存在するはずの境界が雲散霧消しているように感じられる。血のつながっているわが子に対する潜在的な所有感覚、自我の境界の曖昧さが、精神的な不調と相俟って生じたのが、多くの母子心中ではないだろうか。

父の心理

一方、加害者父の場合、もとをたどれば赤の他人の、つまり血縁などない妻を巻き込んでの一家心中が多い。一体それは何を意味するのか。思うにそれは、夫婦の一体感というより、妻子に対する支配的な意識、支配感情、つまりは自身の独占物の如く考えての行為ではあるまいか。特に妻に対しては、自己の支配領域から離れていくことに対する怒りや苦痛、あるいは未練などが耐え難いほどに高まった結果としての凶行だと思われてならない。

そう考えて連想するのは、配偶者間の暴力、いわゆるDV関係における加害者心理である。DVについては次章でも触れる予定だが、加害者は、「支配」「特権意識」「自分勝手と自己中心」、あるいは「独占欲」「愛情と虐待の混同」などの特徴を持つとされており、その危険性は、DV被害者が別れようとしたり逃げ出した後でむしろ高まり、被害者は、逃げた後も「(加害者による)追跡の恐怖」に苛《さいな》まれるという。

そう考えて、あらためて父による一家心中を見ていくと、先にも紹介したように離婚前後に発生している事例が目立つ。ＤＶ被害者と違って母や子に危険性の認識がなく、無防備であるため防ぎようがないのであろう。心中とＤＶ、両者は具体的な行動や態様では似ても似つかぬ面が多々あるが、家族の関係性にも着目しつつＤＶ男性との比較も含めて分析していくことは、一家心中を行う男性の心理を明らかにし、今後の対策を検討する上で、示唆が得られるのではないだろうか。

二〇一六年児童福祉法改正

心中事例を見ると、決行に至る最後のきっかけは、預金通帳の誤読であったり、夫が昼食代を使い過ぎたといった例のように、ごく些細なことが多い。当事者にすれば、すでにコップの水があふれるが如くに葛藤が胸をいっぱいに満たしており、たった一滴でコップの水がこぼれるように、偶然のわずかな出来事が心中という最悪の事態を呼び込むのであろう。

援助者にとって、心中事例は突然勃発するかに感じられたり、加害者も死亡していることが多く、対策の立てようがないという無力感に襲われることがある。実際のところ、心中を決意してから実行するまでの期間は総じて短く、こうした事例を前にして立ちすくむこともないとは言えないが、精神科医療やＤＶ問題にかかる知見も活用し、関係機関との連携を強め、心中事例についてより深く理解する努力を続けていけば、未然に防ぐ手立て、少なくともそのヒントは見えてくると私は思う。

　別の角度から考えてみよう。二〇一六年の児童福祉法改正は、心中事例を克服するために重要な契機となり得るのではないだろうか。本改正では、一九四七年に法律が制定されて以後一度も改正されたことがなかった児童福祉の根本原理に初めて手が加えられ、第一条が次のように改められた。

「全て児童は、児童の権利に関する条約の精神にのっとり、適切に養育されること、その生活を保障されること、愛され、保護されること、その心身の健やかな成長及び発達並びにその自立が図られることその他の福祉を等しく保障される権利を有する」

　条文の中に「児童の権利に関する条約の精神にのっとり」という文言が入ったことにも象徴されるように、従来、児童は保護されるべき存在とされていたところ、ある意味ではそれを一八〇度転換し、権利の主体者であることが明確にされた。子どもは生まれた瞬間から一個の人格をもった独立した存在であり、親の所有物ではないのだから、親の都合でその命を奪うことなど許されるはずもない。こうした理解が社会に浸透すれば、親子心中はもちろん、出産直後の新生児殺を含む多くの虐待死を克服することができるのではないか、私はそう期待している。

第6章　虐待死を防ぐために

「まさか死ぬなんて……」

ここまで虐待死のさまざまな類型ごとにその特徴等を示し、それらを防ぐために度重なる法制度の改革、改正が行われ、現場でも多くの関係者、関係機関が苦心惨憺しながら子どもと家族の支援に当たっていることを、十分とは言えないまでも紹介してきた。その結果として取り組みが成果をあげ、救われた命も多々あるはずだと、私は考えている。それでもなお虐待死を克服することは簡単ではない。その一つの要因が、関係諸機関の不意を突くようにして虐待死が発生することだ。

「まさか死ぬなんて……」

死亡事例に直面した援助機関、援助担当者が真っ先に感じるのは、おそらくこのようなことだろう。というのも、死亡事例の多くは、そもそも事件発生まで「虐待」であるとさえ認識されていなかったからだ。

図6－1は、死亡事例に対する関係機関の関与状況を示したものだが、「心中による虐待死」「心中以外の虐待死」いずれの場合も「関係機関との接点はあったが、虐待や虐待の可能性を認識していなかった」という割合が最も高い。子どもとその家族が目の前にいても、死ぬことはも

ちろん、虐待であるとさえ認識することが難しいのである。

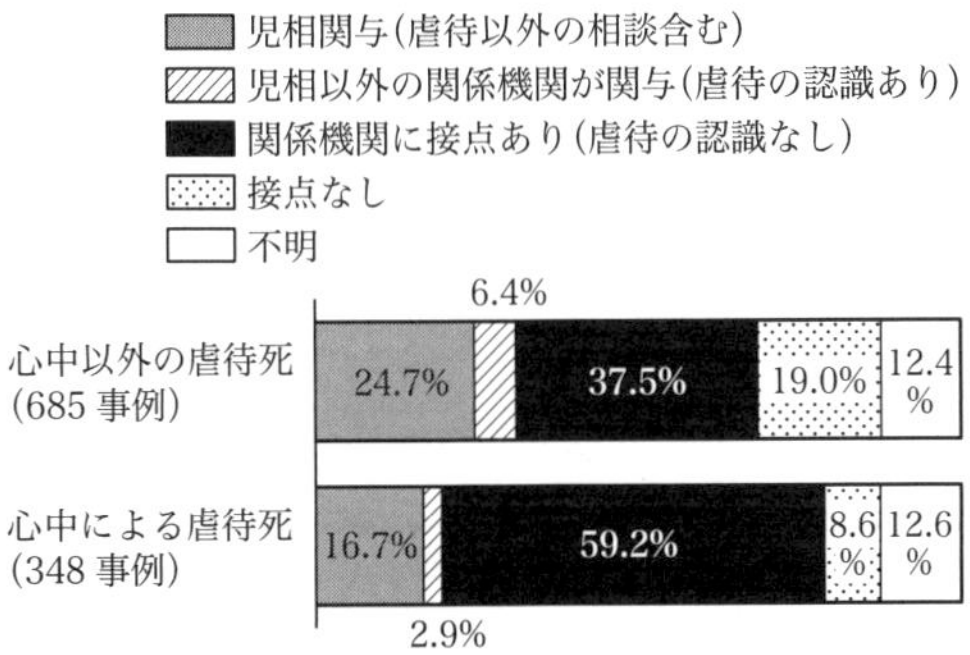

出典：専門委員会「子ども虐待による死亡事例等の検証結果等について」(第 1〜14 次報告)

図 6-1　虐待死における関係機関の関与状況

心理的虐待による死亡

と、このように記しながら、私自身も「まさか」「本当に死んでしまうのか」と思わされた事例がある。

「二四時間以内に自殺しろ」

些細なことで殴る、蹴るなどの暴行を受け、父親にこのように言われた中学二年生の男児が、翌日実際に首を吊って自殺したのである。二〇一四年の夏、東京都でのことだ。保護者から心理的に追いつめられて自死を選ぶような場合も虐待死の一つであると理解してはいたが、本件発生まで専門委員会の報告にそうした事例は一件もなく、その意味でもショッキングな事件であった。しかし、虐待行為によって追いつめられ、援助機関が関わりながら自ら命を絶った事例がこの後も出現しており、虐待環境にいる子どもたちの苦しい胸の内を、私たちは本当に十分理解しているのかが問われている。

「もうパパとママにいわれなくても　しっかりとじぶんから　きょうよりかもっと　あしたはできるようにするから　もうおねがいゆるして　ゆるしてください　おねがいします」

第2章でも紹介した東京都目黒区の虐待死事件で死亡した五歳の女児は、こんなメモも残していたが、彼女の苦しみは彼女一人の声ではなく、虐待され、訴えることさえできなかった全ての子どもたちの呻吟として耳を傾ける必要があろう。

「いつもなのか、大丈夫か」

ところで、先の中学生の自殺を防ぐことは、本当にできなかったのか。この事例では、児童相談所等への通告こそなかったものの、学校が虐待を疑い、本人とやりとりしていた。自治体が公表した検証報告書をもとに、もう少し考えてみたい。

虐待と思われる状況は二度確認されたという。最初は中一の時。目の周りに痣があることに教師が気づいている。

「洗濯物をたたまなかったので父に殴られた」

本人の説明を受け、学校は校内協議の上、母親に眼科受診を勧奨し、母も応じたことを評価して校内での見守りを続けることとした。次は二年生になった四月。やはり教師が顔の痣を見つけて本人に尋ねている。

「(お父さんに)殴られたのか」

「うん」

「いつもなのか、大丈夫か」

「いつもじゃない。大丈夫」


学校はこのやりとりをふまえて再び校内で協議し、その後、身体測定や内科検診を実施したものの、他に気になることはなかったとして通告を見送った。しかし、事件の一カ月あまり前になると本人が学校を休むようになり、担任教師の家庭訪問も受け入れられないまま、事件の発生をみたのであった。

結果だけを見れば、学校はどうして通告しなかったのかと批判したくなるかもしれないが、一般的にも人はなるべく物事を楽観的に見たがる傾向があるという。「正常性バイアス」と呼ばれるもので、日常生活で起きる予期せぬ変化に過剰反応しないための心のはたらきだが、それが高じて災害などの異常事態が起きても「これは正常範囲だ」と思い込もうとするという。本件でも、怪我をしている子どもを目の前にしながら知らず知らずのうちに「いつものことではないだろう」「大したことはないはずだ」と思いたくて、つまりは「いつもじゃない。大丈夫」という答えを期待して「いつもなのか、大丈夫か」と尋ね、男児も無意識のうちに期待どおりの答えをしたのではないだろうか。子どもたちの声を受けとめることは、それほど簡単なことではないのであり、『子ども虐待対応の手引き（平成二五年八月 改正版）』は、次のように述べる。

子どもの虐待は、多くの場合、教職員や保育士によって子どもの外傷や雰囲気、様子から発見される。

しかし、保護者は「子どもが悪いことをしたので叱った」と言い張ったり、また教職員等も虐待する現場を直接見ることはほとんどないため、伝聞・推測情報が中心になる。そのため現場では「どこまでが虐待か」「保護者との関係がこじれる」等の迷いが生じる。しかしながら、「虐待の事実が必ずしも明らかでなくても、一般の人の目から見れば主観的に児童虐待があったと思うであろうという場合であれば、通告義務が生じることとなり、児童虐待の防止に資することが期待されるところである」（平成一六年八月一三日文部科学省生涯学習政策局長・初等中等教育局長通知「児童虐待の防止等に関する法律の一部を改正する法律」の施行について）とされているように、虐待が疑われる場合には通告する義務があることを繰りかえし周知していくことが重要である。

過去と向き合う

こうした「手引き」だけでなく、自治体が作成している各種虐待対応マニュアルは、対応の基本や留意点について、死亡事例等の教訓をふまえて記載していることが多い。したがって、背景にある事例を知ることは、手引きやマニュアルの意味をより深く理解することにつながる。死亡事例を振り返ることはつらく苦しいことだが、過去の経験を風化させず、常に再確認し、埋もれさせない努力が必要だ。

その点で言えば、児童虐待防止のシンボルとなっている「オレンジリボン」も、もとをたどれば、二〇〇四年に四歳と三歳の兄弟が父の知人男性から暴力を受け、川に投げ捨てられて死亡した栃木県小山市の事件がきっかけで生まれたものだ。事件を受けて設立された民間の虐待防止団体「カンガルーOYAMA」が、虐待防止の象徴としてオレンジリボンを発案し、それが全国に広まったのである。

また、本書冒頭で紹介した三歳男児のネグレクト死事件があった京都府長岡京市でも、地道な取り組みが続けられた。「児童虐待防止への一〇年の歩み」と題された冊子には、取り組みの推進役であった工藤充子氏が、次のようなメッセージを寄せている。

「平成一八年一〇月、長岡京市民の多くは、夕方のテレビにくぎ付けになりました。こんなことが長岡京市内で起きてしまった、どうしよう、何かできることはないか。この事件を契機に、民間子育て団体はネットワークを組み、行政の担当者にも来ていただいて学習を始めました」

「あれから一〇年、この関係者はさらに拡大し、実行委員会を作り、一〇年の振り返りを行いました。単に事件を振り返るだけでなく、事件を経験した人や組織が一般的な国の政策を実行するにとどまらず、さまざまな行動を起こしたことをまとめることになりました」

実は私も実行委員会が企画した座談会「児童虐待防止へのチャレンジ――一〇年の軌跡、新たな出発から」に出席させてもらった。事件後、官民手を携えてさまざまな取り組みを続け、毎年シンポジウムや講演会などを企画して事件を忘れず、さらに一〇年の歩みをまとめて次の世代に引き継ごうとする努力は、貴重な実践だと言えよう。

「過去ときちんと向き合うと、未来にかかる夢が見えてくる」

「いつまでも過去を軽んじていると、やがて未来から軽んじられる」

井上ひさし「絶筆ノート」(『文藝春秋』二〇一〇年七月号)からの引用だが、忘れてはならない忠告だろう。

違和感を忘れない

とはいえ、虐待死を防ぎ得ないのは、やはり意表を突かれ、想定外のことが起こるからだ。そこでここからは、昨今の事例をふまえつつ、国や自治体での検証に携わった立場から、援助者が気づきにくいと思われることや、ソーシャルワーク等の支援を行う上で留意すべき点を、思いつくままいくつか挙げてみたい。

一つは「情報」の扱いについて。虐待事例に関わる援助者は、ほとんどと言っていいほど保護者等から寄せられる虚偽や不正確な情報にさらされる。というのも、家族にとって虐待は不都合な事実であり、それを正直に告げるには相当の勇気がいるからだ。仮に援助を求めようとしても、「知られるのが怖い、恥ずかしい」という気持ちが優先して話すことを躊躇するし、重篤な事態であればあるほど「隠したい、秘密にしたい」と考える。第2章の冒頭で紹介した東京都江戸川区の事例でも、学校が虐待を疑っていた矢先、母親が「自転車で転んで怪我したので、今日は休ませます」と電話してきた。叩かれて怪我したのではないかと怪しんでも、確証がないからそれ以上のことがわからない。援助機関や関係機関は、こうした中で的確な判断を求められるのである。私の大先輩であり、東京都の児童相談所で長く児童福祉司を務めた田《た》中島《なかじま》晁子《あさこ》さんは、インタビューに答えて次のように語った。

「面接してても、どこか変、何か違うって感じることがあるじゃない。そう思ったときは、ちゃんと忘れずその感覚を持ってなさいと、私は言うのね。すると今すぐじゃなくても、二、三回会ってる内に、あ、この前気になったのはこれなんだってわかるの、真剣に向き合ってさえいれば」（川崎二三彦・鈴木崇之編著『日本の児童相談』）

けだし至言。まずは得られた情報に対する感度が重要だろう。では、こうした真偽不明の情報に接したとき、援助者はどうすればいいのか。私は次のように答えることにしている。

「怪しい情報や事実かどうか確認できない情報の中にも、必ず一つは重要かつ確かな事実があります。それをきちんと記録しておきましょう」

こう聞かされた多くの人は、怪訝な顔をする。

「そんなこと言われても、虐待は密室の出来事でしょ」

「怪しいことばかりじゃないですか。確かな事実なんて、ホントにあるんですか？」

もちろんある。例として先の江戸川区の事例での母親の発言を取り上げてみよう。

「お母さんが「自転車で転んだ」と言ったのは間違いないですよね」

「……」

肩すかしのような印象を持たれたかもしれないが、一体それのどこが重要なのか。本事例では、その後、怪我の原因が父の暴行だと判明したが、私たちの関心は、往々にして「虐待なのか事故なのか」といった事実関係に集中する。しかしながら、虐待事例では加害者についてのアセスメントがそれに劣らず重要であり、「母は、(父の暴行を)自転車で転んだと言った」と記録されていれば、「母は虚偽の説明をすることがある」という見立てが成立しよう。本事例でも、こうした理解が関係者の共通認識となっていれば、男児がその後、硬膜下血腫で入院した際の対応も変わった可能性がある。入院を知った学校は、母の説明を疑いつつも、「虐待なのか事故なのか」が不明であったため、区や児童相談所へ連絡せず、退院後も保護されることなく見過ごされたのであった。

虐待問題に関わる者は、援助を必要としながら相談を躊躇する家族を〈温かく見守る目〉と、家族が隠している事実を〈冷静に見破る目〉の両方が求められるのである。

感性を磨く

ところで、田中島さんは「どこか変、何か違うって感じることがある」ことを前提として発言しており、私も、まずは感じる力、感受性が大切だと考えている。だが、感受性は個人の資質に負うところが大きく、如何ともし難いという気持ちがあった。しかし、山中伸弥・羽生善治両氏の対談(『人間の未来　AIの未来』講談社、二〇一八年)を読んで、考えが少し変わった。

山中　先ほど将棋を指す際の直感、読み、大局観というプロセスを伺いましたけど、羽生さんはふだん将棋を指しているとき、どれくらい勘で指してらっしゃるんですか。

羽生　いや、ほとんど勘です(笑)。

山中　やっぱり勘なんですね。じゃあ、その勘っていったい何なんだろうといつも考えるんです。勘には、単純なくじ引きみたいな勘もあると思うんですが、羽生さんの勝負のときの勘も、僕たちが研究でこの遺伝子をぜひ試したいと思った勘も多分、単純なくじ引きをやっているわけではなくて、過去の経験に基づく何らかの判断がモヤーッとしたところであるような気がするんですね。

二人が話す「勘」と、私が思い描く「感受性」とは一致しないかもしれないが、「違和感を感じる力」も、おそらくは「過去の経験に基づく何らかの判断」によるのではないかと、私の「勘」が働いたのである。ならば、個人の資質だけに委ねる必要はない。経験を積み重ねることで、「違和感を感じる力」を育てていけばよいのである。

ジェノグラムを活用する

ソーシャルワーク実務について、もう少し続けることをお許し願いたい。先に紹介した目黒区での五歳女児虐待死事件を受けて、「児童虐待防止対策に関する関係閣僚会議」は「児童虐待防止対策の強化に向けた緊急総合対策」を発表し(二〇一八年七月)、「子どもの安全確保を最優先とする観点から、以下の事項を全国ルールとして徹底する」として、たとえば次のような例を挙げていた。

「リスクアセスメントシートの活用等により、リスクを客観的に把握し、リスクが高い場合には、一時保護等を躊躇なく実施すること」

「一時保護等の措置の解除及び家庭復帰の判断に際して、チェックリストの活用等により保護者支援の状況や地域の支援体制などについて、客観的に把握した上で、判断すること」

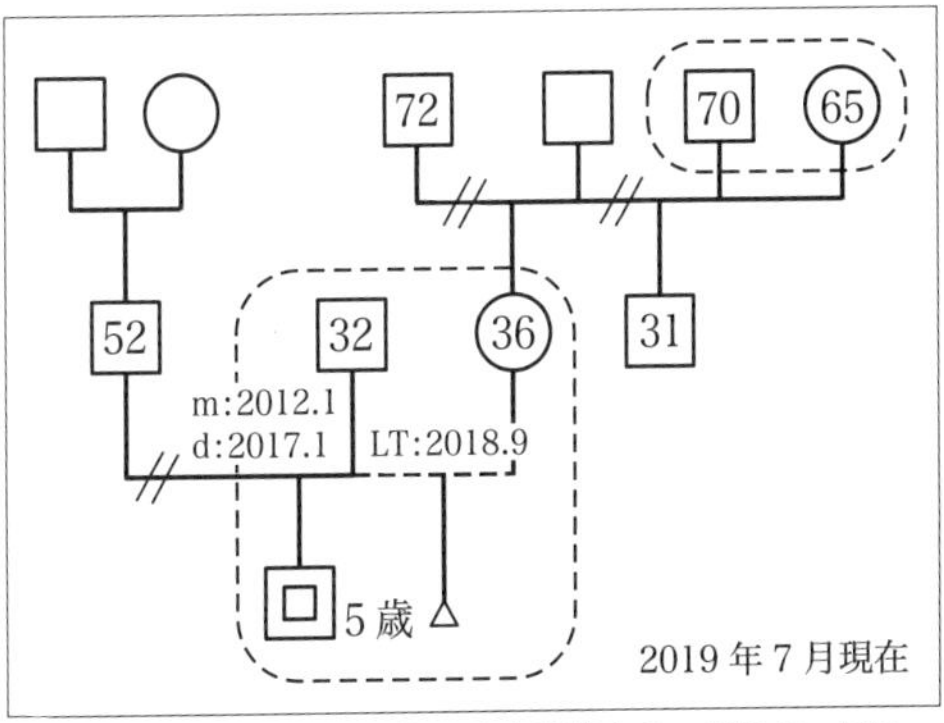

ジェノグラムは，3世代以上を記載するのが基本．□は男性，○は女性．回は中心人物．中の数字は年齢．m は結婚，d は離婚(// は離婚記号)．LT は同居．実線は結婚，点線は内縁を示す．

本図で，5歳男児の母(36歳)は2012年に父(52歳)と結婚して男児を出産し，2017年に離婚した．現在男児を連れ，32歳の男性と内縁関係にあり，男性の子を妊娠している(△は妊娠記号)．

男児の母方祖母(65歳)は祖父(72歳)と離婚し，現在は70歳男性と再々婚，同居している．男児の母には異父弟(31歳)がいる．

図 6-2　ジェノグラムの一例

　虐待死を防ぐために、これらは確かに重要だが、各種アセスメントシートなども利用して子どもの保護の是非を判断するのは、虐待対応のいわば出発点であって、虐待死を防ぐだけでなく、虐待が生じた家族を支援するには、家族をより深く理解することが不可欠だろう。そのため私は、アセスメントシートやチェックリスト等に加えてジェノグラム（家族図）の活用を勧めている。

ジェノグラムは家系図とよく似ているが、単なる血縁関係や一族の系譜を示すにとどまらず、内縁関係等を含む家族の形を視覚化する（図6－2）。ジェノグラムを見れば、現在の家族構成だけでなく家族の歴史や成り立ちなども見えてくる。ジェノグラムを活用して家族の理解を深め、それをふまえて援助方針などを話し合うと、家族それぞれの姿に応じた多様な支援が必要となることに気づかされる。

ジェノグラムは、面接やさまざまな調査で得た情報をもとに援助者が作図することが多いが、面接の最中に家族と一緒に描くこともできる。すると当事者も意識していなかった自らの家族の特徴に気づくこともあり、援助者と当事者が共通認識に立ってその後の支援を始めることも可能となる。ジェノグラムは、ソーシャルワーク活動にとって必須ツールと言えよう。

ただ、虹センターの研修に参加される方が描く無数のジェノグラムを見るうち、気になることがあった。それらはあまりにも描き方がまちまちであり、多くの人が上手く描けず、苦戦している姿が偲ばれるのである。ソーシャルワークにとって、また援助者にとって必須ツールと言いながら、ほとんどの人はジェノグラムの描き方を学ぶ機会がなく、適当なテキストもあまり見当たらないからであろう。

そこで虹センターでは、私が作成した動画及びＰＤＦ版の「手に取るように家族がわかるジェノグラム――描き方と活用のコツ」を、ミニ講座の一つとして援助機関向けページで提供している。多忙ではあっても、一度は立ち止まって家族の姿を見つめ、ジェノグラムを活用しながら家族に対する理解を深め、援助に生かしてほしいと願ってのことだ。蛇足だが、家族は変化するので、変化に応じてジェノグラムを描き改めていく必要があることは言うまでもない。

ＤＶと児童虐待

昨今「児童が同居する家庭における配偶者に対する暴力」(いわゆる面前ＤＶによる心理的虐待)の件数が急上昇している。次に取り上げたいのは、虐待死の背景に潜むＤＶの問題である。というのも、死亡事例の検証に携わっていると、ＤＶのある家庭が多いように感じられてならないからだ。ただし、専門委員会報告では、死亡事例の中でＤＶが確認されている事例は一割にも満たない。暴力に支配されていると、それが重篤であればあるほど、ＤＶ被害者も同居の子どもたちも事実を話すことができず、ＤＶが隠されてしまうからであろう。死亡事例の中にはもっと多くのＤＶ家庭があると、私は想像している。なお、ＤＶとはどのようなものかについて、必ずしも共通理解が得られているとは言えないので、専門委員会第七次報告から、ＤＶについて触れている部分を抜粋して紹介しておきたい。

ＤＶ相談があった事例では、「身体的暴力」や「暴言」などの有無によりＤＶの有無を捉えようとしており、「支配―被支配」といった関係性の病理という視点に基づく情報収集やアセスメントを行っていなかった。そのため、実母による「今は、殴る・蹴るなどの暴力が止まっている」などの発言を根拠に、「現在暴力がないため問題はない」という誤ったアセスメントを行い問題の本質を捉えることなく完結しており、ＤＶとその背後にある問題がそのまま放置されてしまっていた。ＤＶは、「配偶者やパートナー間の暴力」と説明されているが、「暴力」の捉え方が「殴る」「蹴る」などの身体的な暴力と、「暴言」などの心理的な暴力に限定されていたため、初期対応時のアセスメントに誤りが生じ子どもへの虐待を防ぐことができなかった事例がみられた。

一方が相手の意志や感情に反して力を行使し、他方の意志や感情を押しつけコントロールする関係性が生じていれば、そこには「暴力」が存在すると考える必要がある。家族のなかでこうした力の不均衡が生じていれば、子どもへの虐待に対する抑止力が家庭内で働かず、子どもが死亡するなどの事態に陥る危険性が高まる。配偶者やパートナー間の関係は、虐待の発生や深刻化に関係しており、父母に対して別々に個人面接をするなどして、お互いの関係や家族についての捉え方を多方面から把握することにより、家庭内の関係性をアセスメントしていくことも必要である。

DVは暴力、暴言に限定されないこと、「支配―被支配」といった関係性の病理であることなどが重要なポイントであろう。

二〇一〇年にはこんな事例があった。小学一年生の男児が、継父からの暴力で意識不明の重体になったのである。報道によれば、「おねしょした布団を中学生の姉に片付けてもらったのに御礼を言わなかった」として長時間にわたる暴力を受け、母親も「早く謝らせたかった」と男児を押して継父の前に立たせるなどしたという。暴行の理由も理不尽だが、継父は母親に、次のような誓約書を書かせていたという。

「子どもが約束を破った場合、子ども三人と母の両親を母親自身が殺す」

俄には信じ難い内容だが、「支配―被支配」関係を端的に示す例と言えよう。

家族の関係性を理解する

DVをめぐる問題を例として取り上げたのは、「家族の形」だけでなく「家族の関係性」を理解して支援のあり方を検討しなければ虐待死を防ぐことも難しいことを示すためだ。〈DV家庭における虐待〉の例を図6‐3で示したが、ジェノグラムは同じ形でも、DV加害者が子どもも虐待するAのようなパターン、逆にDV被害者が子どもを虐待するBのようなパターン、あるい

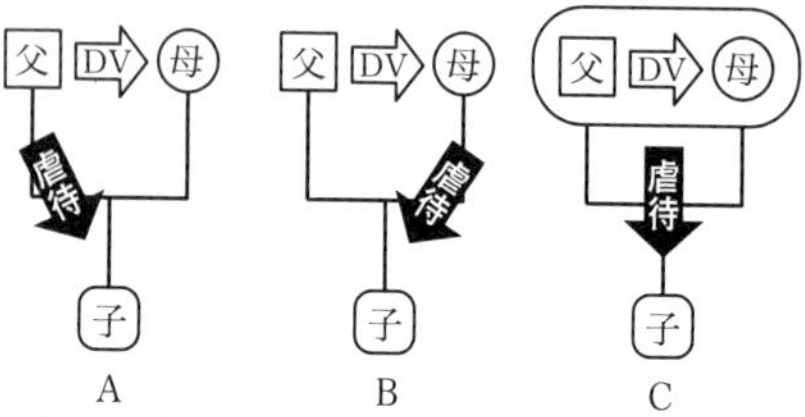

注：DV 加害者が男性とは限らないが，便宜上父を加害者として作図.

図 6-3　DV と虐待の関係性の類型

は、被害者が加害者に阿《おもね》り、加害者と一緒になって子どもを虐待するCのようなパターンなどが考えられる。すでに指摘したとおり、DVは「殴る」「蹴る」などの暴力の有無だけでなく、夫婦の関係性という視点で捉える必要があるが、子どものいるDV家庭では加害、被害の関係も複雑化しており、なおかつ家族はそれらを表に出そうとしない（できない）ので、関係性をアセスメントすることの困難は想像に難くない。

　DV家庭に限らず、「家族の関係性」をアセスメントする上で何か参考になるものはないかと探していて見つけたのが、団士郎『対人援助職のための家族理解入門——家族の構造理論を活かす』（中央法規出版、二〇一三年）である。

「この本は、家族援助に関する実用書のつもりで仕上げた。私たちの周りには専門的知識や専門家があふれている。細分化された知識、情報はどんどん緻密になり、増加していく。しかし一方、暮らしはさまざまな要因が絡まっていて理路整然としたものではない」

　こう述べた上で、家族の抱える課題は病原菌による異変のようなものではなく、たくさんの日常パターンの一つであり、症状や診断名では家族の個別の顔は見えないし、もともと対人援助は誰にも効く薬を投与するような仕事ではないとして、家族を「システム」で捉え、種々の困難を抱える家族が問題解決へ向かうための道筋を示そうとする。実は団さんは私の京都府職員時代の先輩なので贔屓《ひいき》目に見ていると思われるかもしれないが、決してそうではない。同書は児童虐待問題を論じているわけではないが、個々の家族の構造、家族の関係性を浮き彫りにするヒントを示してくれる。

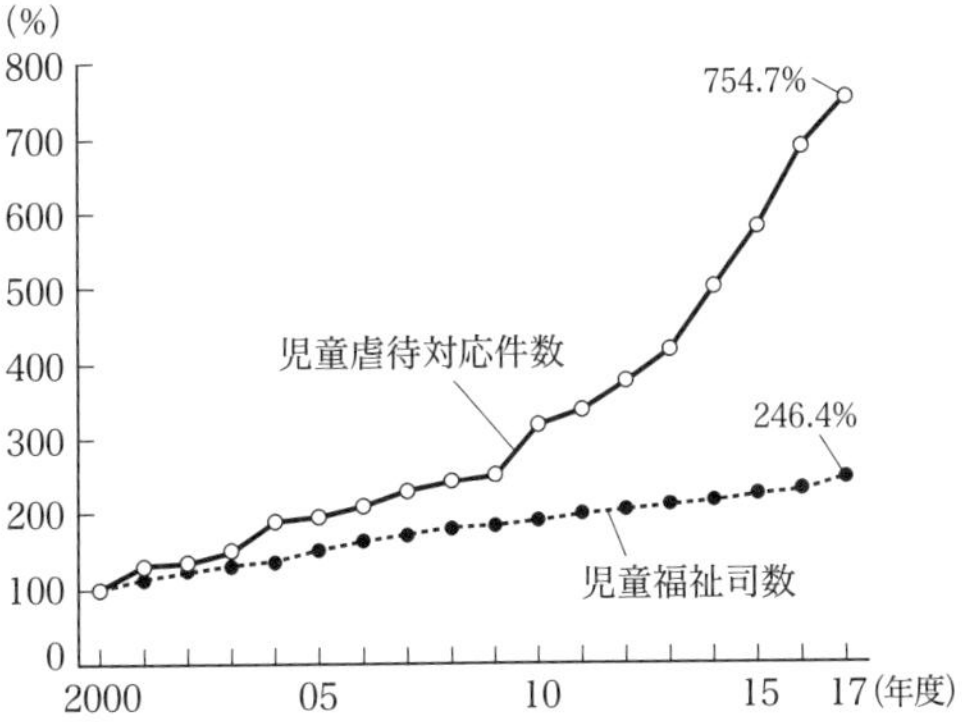

注：2000年度を100とする.

図6-4　児童虐待対応件数と児童福祉司数の推移

児童相談所の過酷な現実

いつのまにか虐待死の問題から遠ざかってしまった感があるが、どうしてこんなことを長々と書き綴ってきたのかというと、児童虐待対応における現在の状況に、私がある種の危機感を持っているからだ。図6－4は、児童虐待防止法が制定された二〇〇〇年度を一〇〇として、児童虐待対応件数と児童福祉司数の推移を示したものだが、通告件数に児童福祉司の増加が追いつかず、一人当たりの業務量が年々過大になっていることが一目瞭然だ。基準とした二〇〇〇年度ですら、児童福祉司等の人員不足が大きな問題となっていたのに、それから二〇年近くを経て、いまや一人の児童福祉司が抱える虐待相談件数は、当時と比べても三倍以上に膨らんでいる。そのため、一日五件もの安全確認を求められることがあると、期せずして複数の県の職員から聞かされた。

もうずいぶん昔のことになるが、私自身の経験では、虐待通告を受けて安全確認をしようとすると、情報も少ない中でどんな家族かを想像しつつ、面談した際に生じる事態についてさまざまなシミュレーションをし、でき得る限りの準備をして家庭訪問等に臨んでいた。一件の安全確認でも思い悩むことが多いのに、それを一日に四件も五件も行おうとすれば、子どもと面会して痣や傷の有無を確認することはできても、その後の支援につなげるためのやりとりをしたり、家族関係の特徴などに目配りするのはかなり難しいのではないだろうか。したいことも叶わず、すべきことがあっても、何かを捨てなければ身がもたない。結果として、「児童相談所の対応は不十分だ」という批判が厳しさを増していく。

正しさが足りない?

児童虐待防止法制定から一〇年を経た二〇一〇年、私はある雑誌で次のように述べた。

「この一〇年間というもの、種々の批判を真摯に受け止め、昼夜を分かたず東奔西走すればするほど、児童相談所職員の疲弊はむしろすすみ、あたかも不人気職場と化したかのように人材は定着せず、経験の蓄積も儘《まま》ならない」

「仮に一つ一つの指摘、一つ一つの批判が全て正しいとしても、一〇年という期間を通してみると、それらが必ずしも児童相談所の質的向上に結びつかず、むしろよりいっそうの困難を引き寄せているとしたら、それは大いなるパラドックスであろう」

「では私たちは、次の一〇年も同じような轍を踏み続けるのであろうか。すなわち二〇二〇年五月の近未来。世間に広がったツイッターに「児童相談所の責任は重い」という一四〇字以内の呟きはやまず、地球温暖化で汗ばむ陽気に腕まくりしながら「専門性のかけらもない」と繰り返しつつ子どもの死と向き合っている、のかどうか。ともあれ〝真っ当な批判が、実は当の児童相談所を痩せ細らせる〟と言えば、不穏当きわまりないとの誹《そし》りは免れないが、それを承知で敢えて言えば、このパラドックスを克服することなくして、我が国における今後の虐待防止対策の成功はおぼつかないと私は考える」(「巻頭言　児童虐待防止法一〇年のパラドックス」日本子ども虐待防止学会『子どもの虐待とネグレクト』第一二巻第二号、二〇一〇年)

その判断は正しいかもしれないけれど、でも正しさが足りないのでは？　という自戒も込めた問題提起。今読み返してみると、いかにも情緒的で恥ずかしくなってしまうが、虐待問題に関わっていると、なかなか冷静になれない面がある。特に援助者が虐待死などに直面すると、失意や傷心、自責の念などに襲われ、無念の気持ちが押し寄せたり後悔や怒りにも駆り立てられる。しかも、その感情は誰の何に向けられているのかも判然としない。亡くなった子どものことを思い、他方では加害者のことを考え、はたまた自身の援助活動を振り返ってみたり、時には連携していた関係機関のスタッフが目に浮かぶ。それらが整理されないまま渾然一体となって迫ってくるので、冷静さを保つことができないのである。

ソーシャルワーカーでいることとは

とはいえ、一〇年近くも前の拙稿が、今なお私たちを問うているような気がしてならない。そこで、あらためて現状を冷静に見つめると、虐待事例を担当する児童福祉司等の職員が疲弊してしまうのは、多忙さに起因しているだけではないように、私には思われてきた。ソーシャルワーカーとしての本来の活動を存分に行うことが難しくなってきたからではないかという疑いだ。

「ソーシャルワーカーでいることとは……」と題された作者不詳の詩がある。「養子と里親を考える会」が編纂した『里親支援ガイドブック――里親支援専門相談員等のソーシャルワーク』(二〇一六年)という小さな冊子のコラムで米沢普子《よねざわひろこ》氏が紹介しているのだが、アメリカで里親・養子縁組のソーシャルワーカー、スーパーバイザーとして働いていた尾崎京子氏のオフィスに貼ってあったものだという。

ソーシャルワーカーでいることとは……

あなたは決して退屈しないであろう。
あなたは常に憤りを感じるだろう。
あなたは困難に囲まれるだろう。
やらなければならないことが山積みなのに、時間はほとんどないだろう。
計り知れない責任を負うにもかかわらず、権威などほとんどないだろう。
あなたは人の生活に立ち入り、変化を起こすだろう。

（中略）

あなたは人間の最悪の部分と最良の部分を見るだろう。
人が持つ、愛情、勇気、そして忍耐力に、驚かないことはないだろう。
あなたは人生が始まり、そして終わるのを見るだろう。
あなたは大きな勝利と、心が折れるような失敗を経験するだろう。
あなたはたくさん泣くだろう。
あなたはたくさん笑うだろう。
あなたは人間のあり方と、思いやりの意味を知るであろう。

（尾崎京子訳）

これを読み、私はここに書かれていることのほとんどを児童福祉司時代に経験したなと思った。先に登場していただいた田中島さんは、「児童福祉司は三日やったらやめられない」とつぶやき、当時を振り返って「ああ、面白かった」と述懐したが、おそらく彼女も、この詩に書かれていることを日々実感し、それを彼女なりの言葉で表現したのではないだろうか。

翻《ひるがえ》って、現在の児童福祉司は、また児童相談所は、個人の能力を遥かに超える多数の虐待通告を受け、他方では全ての通告事例に対して「四八時間以内の安全確認」を求められて東奔西走する。どんな家族か考える暇も与えられず、個々の家族にふさわしい支援のあり方をじっくり検討する余裕もない。いわば、ソーシャルワーカーとしての醍醐味を味わう機会を奪われ、唯々走ることを強要され、不備があれば周囲から批判される。いわく「児童相談所が関与していながら……」「アセスメントができていない」「適切な一時保護がなされなかった」。

もちろん、保護者の意向にかかわらず虐待された子どもを保護し得るのは、唯一児童相談所だけであり、児童相談所の職員たる者、そうした法的権限を熟知した上で適切に対処しなければならず、権限行使を誤れば批判されて当然だ。それを自覚するがゆえに、虐待死に直面すれば痛苦の思いにとらわれて深く反省し、自己弁護したり、厳しい職場状況を訴えることなど考えもせず、非難や抗議にも真摯に耳を傾ける。中には、心理的負担に耐えきれず、バーンアウトする者も出現する。

求められるのは「働き続けたい」と思える環境

児童相談所の現在の姿を考えていると、地球温暖化によって南極大陸の巨大な氷河の一部が海中に崩落する映像が、なぜか浮かんでくる。過酷な現実を前にして新しい職員が定着せず、ベテラン職員が抜けるたび、長い歴史の中で培われた相談援助技術が一つまた一つ失われていく様を連想させるのである。もちろん、新たな状況には新たな技術が必要だが、受け継ぐべきものもあるはずで、このまま職員が次々と交代して組織に蓄積された経験や知恵が失われていけば、想定外の事態が多い虐待死のリスクに対する「勘」もおよそ働かないだろうし、虐待問題を抱えて苦しみ、出口のないまま呻吟している家族に手を差し伸べることも難しいのではないだろうか。技術は教えられても、経験は積むしかないのである。

現状の厳しさをいささか誇張しすぎたかもしれない。虐待死を防ぐため、保護者と対立してでも一時保護するなど、介入的ソーシャルワークが求められる場合があることは疑いなく、そこに崇高な使命があることも承知している。だが、そうであるからこそ、児童相談所は家族の特徴や子どもの特性を把握し、家族と子どもを深く理解する努力を欠かしてはならず、また、それを可能とする条件が整えられていなければなるまい。

「児童虐待防止対策の強化に向けた緊急総合対策」をふまえて出された「児童虐待防止対策体制総合強化プラン(新プラン)」(二〇一八年一二月)は、児童相談所の体制強化を図るべく、二〇一七年度約三二四〇人だった児童福祉司を二〇二二年までに約二〇二〇人増員することをはじめとして児童心理司や保健師の増員等の取り組みを進めるとしている。従来にないほどの大幅な増員計画であり、本方針を率直に評価しつつ早期に実現するよう求めたいが、より大切なことは、配置された職員がこの仕事に意義と価値を見いだし、長く働き続けたいと思えるような仕組みとサポート体制だ。

こう考えるのは、実は私の体験も影響している。というのも、思いもしなかった児童相談所勤務を命じられてしばらくは転勤を希望していたのに、この仕事の面白さ、奥深さ、そして重要性がわかってくると、逆に「児童相談所から異動させないでほしい」と訴えるようになり、気づくと三〇年以上を児童相談所で過ごしたからである。業務の困難さにたじろぐことも一度や二度ではなかったが、そんな私を励まし助けてくれたのが周囲のベテラン職員だった。先輩諸氏に学びながら、自らが担う業務の意義を理解し、働きがいを感じて長く続けようと思えば思うほど自ずと学ぶ意欲も高まり、結果として個人の、また組織の専門性も向上するというのは、どのような組織にも当てはまることだろう。

虐待死を防ぐため、児童相談所を含む援助機関に関する政策がこうした良循環を導くものとなり、児童相談所が現在の困難を乗り越えて新たな力を蓄え、存分に発揮することを切に望みたい。

子どもの権利が尊重される文化を

子どもの虐待死をなくすと言っても、個々の事例については直接援助に携わる関係各機関の取り組みに委ねるしかない。だが、私たちがそれを拱手傍観していればいいというわけではない。官民問わず、また専門家と非専門家を問わず、社会全体で虐待問題に取り組むことが不可欠であり、専門職に任せているだけでは虐待死の克服は覚束ない。

では、私たちは何をよりどころとして取り組むべきなのか。そう考えて思い起こすことの一つは、第5章でも紹介した二〇一六年の児童福祉法改正だ。本改正で、子どもを権利の主体者として位置づけたことはすでに述べたが、振り返って考えると、出産直後の嬰児殺だとか、親子心中、さらには安全に配慮せず留守中の火災等で子どもが死亡する事件などは、虐待死と認識することすら簡単ではなかった。子どもの立場に立てば明らかな人権侵害であり、虐待死であることは疑いないが、本改正を力にしてそうした理解を社会全体が共有し、「子どもの権利が尊重される文化」を育めばよいのである。

ここで言う「文化」とは、道具を使う野生チンパンジーの生態を長く観察してきた松沢哲郎氏の定義を援用している。松沢氏は「文化」を「世代を超えて集団に引き継がれる知識や技術や価値」と定義して、概ね次のように解説する(『分かちあう心の進化』岩波科学ライブラリー、二〇一八年)。

第一に、ある世代のある時期だけなら、それは消えてなくなる「流行」であり、「世代を超えて」伝承されなければ文化とは言えない。文化と呼ぶための第二の条件は、「集団に引き継がれる」という点。個人ならば単なる「マイブーム」で、集団の多くの者が、ごく普通に「みながそうしているから、わたしもそうする」もの、それが文化だという。第三は、「知識や技術や価値」だと述べ、文化はそれぞれの地域の、あるいはそれぞれの民族の固有のものだと述べる。

そう聞いて、あらためて二〇一六年改正児童福祉法のことを考えると、子どもが権利の主体者であると法律で規定しただけでは文化として定着しているとは言えず、不断の努力によって、その価値を社会全体に、また後世に伝え、「全ての子どもが一個の人間としての権利を持っているなんて常識」と誰もが考えるようになれば、文化と呼んでいいだろう。

折しも国連では、二〇一五年に開かれた「持続可能な開発サミット」において、二〇三〇年までに達成すべき「持続可能な開発目標(SDGs)」が一七項目にわたって採択され、目標一六・二は、「子どもに対する虐待、搾取、取引及びあらゆる形態の暴力及び拷問を撲滅する」とされている。いまや虐待死はもちろん、子どもの虐待そのものを一掃していくことが、国際社会共通の目標とされたのである。

そんな社会が、果たしてやってくるのか、と半信半疑になるかもしれないが、たとえば、戦前の社会で無数に行われていた貰い子殺しは、序章で紹介したように戦後まもなく起きた「寿産院事件」を最後に見かけなくなったし、〇日児死亡や親子心中を含めた虐待死の総数も、戦後の七十数年間を通してみれば、明らかに減少している。だとしたら、さまざまな形で存在している現在の虐待死を克服することも決して不可能ではないはずだ。

もちろん、そのためには子どもの虐待死だけに注目するのではなく、大人社会を含めて残存する暴力容認の風潮や、一人一人の人権がないがしろにされているさまざまな事象に目を向け、それこそ社会の隅々から声を上げ、それらを許さない取り組みが必要だろう。

「微力だけど無力じゃない」

虐待死を克服しようと思うたびに想起し、勇気づけられるのが「微力だけど無力じゃない」という言葉だ。長崎県の高校生が、被爆地の思いを届けるため「高校生平和大使」として初めてニューヨークの国連本部に向かったのは一九九八年のこと。当初は「砂漠に一滴の水を注ぐようなもの」などと揶揄されながら、二〇〇一年になると核兵器廃絶と世界平和を願う一万人分の署名を集め、国連欧州本部へ届ける活動が始まった。今紹介した言葉は、高校生が自らの活動を振り返るなかで使われるようになり、いつの間にか合言葉になったものだ。彼らの活動は現在も続けられており、それが評価され、ノルウェーのノーベル委員会が「高校生平和大使」を二〇一八年のノーベル平和賞候補としてノミネートするまでになった。地球最大、最悪の暴力装置である核兵器廃絶をめざして果敢に取り組み、工夫と努力を重ねる高校生の姿は、まさに微力が無力ではないことを証明するものであり、その対極にある家庭内の暴力、虐待死をなくそうとする私たちにとっても、大きな励ましとなっている。

虐待死の克服に向け、私自身も微力を尽くす決意を表明して本書の結びとしたい。

あとがき

虐待死をテーマにした本書を刊行することが決まったのは、すでに数年も前のことだ。構成案が固まると、意を決して書き始めたのだが、今度ばかりは、書いては書き直し、書いては書き直しの連続だった。というのは、この数年間というもの、相も変わらず児童虐待の増加が続くだけでなく、深刻な虐待による死亡事例が次々に発生したうえ、児童福祉法や児童虐待防止法等の度重なる改正があり、政府も、それらをふまえて種々の政策を打ち出したからである。一言で言えば、児童虐待問題をめぐる情勢はめまぐるしく変化しており、そうした昨今の動向も可能な限り本書に盛り込もうとしたため、必然的に書き改める回数が増えたのである。発刊は、そのあおりを受けて当初の予定よりかなり遅れることとなった。

ただし、本年六月、第一九八回通常国会で、しつけのための体罰禁止を明記した児童虐待防止法等の改正案が全会一致で可決、成立し、簡単ではあるが、その点にも言及できたことを思うと、発刊の遅れは、本書を世に問う上でむしろ好ましかったかもしれない。欲を言えば、本年一月に発生し、酷い虐待死事件として社会に衝撃を与えた千葉県野田市の事例についても詳しく論じたかったが、実は私は、本事例についての県の検証委員会委員長を仰せつかっており、検証は未だ道半ば。かつ委員には現在守秘義務が課せられているため、新聞報道などを引用して最低限の紹介はしたものの、本事例から得られる教訓などを反映させることはできなかった。

とはいえ、本書全体を通読することで、虐待死の問題に関する歴史、現状、取り組むべき課題などのエッセンスがつかめるよう、できるだけの努力はしたつもりだ。むろん、虐待死の全てを解明したなどとは微塵も思っていないが、それでもなお、虐待死の大まかな輪郭を捉え、虐待死を未然に防ぎ、それを克服していくためのヒントとなるものも、いくつか示し得たのではないかと考えている。

本書の完成までには、さまざまな人の助力が必要であった。本書には、子どもの虹情報研修センターで行った虐待死に関するさまざまな研究の成果も反映されているが、これらの研究は、それに携わった共同研究者の貢献やセンター研究員等のサポートがあったからこそまとめられたのであり、こうした研究がなければ本書の完成は覚束なかったと言わざるを得ない。また、前著『児童虐待――現場からの提言』を担当していただいた岩波書店の田中宏幸氏は、その後も児童虐待の問題に関心を持ち続け、虐待死に焦点を当てた本書発刊の意義をいち早く感じ取り、今回も企画段階から励まし、後押ししてくれた。完成に至るまで細部にわたって適宜適切にコメントし、粘り強く見守ってもらったことも忘れ難い。こうした全ての方々に、この場を借りて深く感謝したい。

ところで、本書の執筆作業を振り返ると、公判で傍聴した事例や自ら検証した事例、検証には関与しなかったが報告書によって知ることとなった事例、さらにはマスコミ等で詳しく、または片隅で小さく報道された事例等々、死亡した幾多の子どもたちのことが思い出され、脳裏から消えることがなかった。そして、こうした虐待死をどうすれば克服できるのか、どうすれば子どもたちの死に報いることができるのかを考えて悶々とし、気づくと、パソコンの前に座ったまま、たった一文字打つだけのことに必死で考え続けたり、逆に呆然として何も考えられないような瞬間もしばしばあった。そんな苦心惨憺の末、ようやく日の目を見たのが本書である。

それゆえ、本書は虐待によって亡くなった全ての子どもたちに捧げたい。本書が、虐待死について多くの人が考える端緒となり、虐待死を防ぐために役立つことを願って。

二〇一九年六月

川﨑二三彦

引用・参考文献

石井光太(2016)『「鬼畜」の家――わが子を殺す親たち』新潮社
石橋宏・藤田昌宏・谷井広樹(1987)「多数の嬰児死体隠匿例」『日本法医学雑誌』第41巻，746ページ
稲村博(1977)『自殺学――その治療と予防のために』東京大学出版会
井上ひさし(2010)「絶筆ノート」『文藝春秋』7月号
植松正(1951)「嬰児殺に関する犯罪学的研究」植松正・木村亀二・団藤重光編『刑事法の理論と現実2　刑事訴訟法・刑事学』有斐閣，183-231ページ
内山絢子・小長井賀與・安部哲夫(1983)「女性による新生児殺の研究」『犯罪社会学研究』第8巻，172-186ページ
NHK取材班(2018)『なぜ，わが子を棄てるのか――「赤ちゃんポスト」10年の真実』NHK出版新書
大阪市こども青少年局子育て支援部(2012)『これからの人生に ホップ・ステップ・ジャンプ――(おとな編)ステップファミリーの幸せのために』
大阪市こども青少年局子育て支援部(2012)『泣いて 怒って 笑って――(こども編)ステップファミリーの幸せのために』
大阪市社会福祉審議会児童福祉専門分科会児童虐待事例検証部会(2010)『大阪市における幼児死亡事例検証結果報告書』大阪市
大阪市中央児童相談所編(1989)『紀要――特集 児童虐待の処遇について』大阪市中央児童相談所
大田堯(1990)『教育とは何か』岩波新書
太田素子(2007)『子宝と子返し――近世農村の家族生活と子育て』藤原書店
太田素子編(1997)『近世日本マビキ慣行史料集成』刀水書房
大野曜吉・黒田房邦・平岩幸一・押田茂實(1981)「連続嬰児殺事件」『法医学の実際と研究』第24巻，83-88ページ
大谷勲・中村功・籠谷秀翁・松田健史・森沢佐歳(1981)「死後焼

棄の痕跡が連続嬰児殺事件を発覚させた一鑑定例」『法医学の実際と研究』第 24 巻，89-95 ページ
神奈川県児童虐待による死亡事例等調査検証委員会(2014)『児童虐待による死亡事例調査検証報告書』神奈川県
川﨑二三彦(1999)『子どものためのソーシャルワーク①虐待』明石書店
川﨑二三彦(2006)『児童虐待——現場からの提言』岩波新書
川﨑二三彦(2010)『子ども虐待ソーシャルワーク——転換点に立ち会う』明石書店
川﨑二三彦(2010)「巻頭言 児童虐待防止法 10 年のパラドックス」日本子ども虐待防止学会『子どもの虐待とネグレクト』第 12 巻第 2 号
川﨑二三彦・鈴木崇之編著(2010)『日本の児童相談——先達に学ぶ援助の技』明石書店
川﨑二三彦他(2011)『平成 22 年度　児童の虐待死に関する文献研究』子どもの虹情報研修センター
川﨑二三彦他(2012)『平成 23 年度　児童の虐待死に関する文献研究』子どもの虹情報研修センター
川﨑二三彦他(2012)『「親子心中」に関する研究(1)——先行研究の検討』子どもの虹情報研修センター
川﨑二三彦他(2013)『「親子心中」に関する研究(2)——2000 年代に新聞報道された事例の分析』子どもの虹情報研修センター
川﨑二三彦他(2014)『「親子心中」に関する研究(3)——裁判傍聴記録による事例分析』子どもの虹情報研修センター
川﨑二三彦他(2013)『児童相談所のあり方に関する研究——児童相談所に関する歴史年表』子どもの虹情報研修センター
川﨑二三彦・増沢高編著(2014)『日本の児童虐待重大事件 2000-2010』福村出版
川﨑二三彦他(2015)『児童虐待に関する文献研究——自治体による児童虐待死亡事例等検証報告書の分析』子どもの虹情報研修センター
川﨑二三彦他(2017)『児童虐待に関する文献研究——児童虐待と

DV』子どもの虹情報研修センター
川﨑二三彦他(2018)『平成27・28年度研究報告書　嬰児殺に関する研究』子どもの虹情報研修センター
川﨑二三彦編著(2018)『虐待「親子心中」――事例から考える子ども虐待死』福村出版
木内政寛・河内洋・佐藤彌生・木村康(1990)「繰り返し行われた嬰児殺の3件」『日本法医学雑誌』第44巻，141ページ
紀田順一郎(2000)『東京の下層社会』ちくま学芸文庫
岐阜県児童福祉審議会・岐阜県児童虐待事例検証部会(2008)『岐阜県児童虐待事例検証部会報告書』
キャプナ弁護団有志(2004)「児童虐待に対する刑事司法の現状とあるべき姿についての考察――2つのネグレクト死事件から見えてくるもの」『子どもの虐待とネグレクト』第6巻第2号，187-195ページ
熊本県立大学編(2009)『「こうのとりのゆりかご」を見つめて』熊日新書
熊本市要保護児童対策地域協議会こうのとりのゆりかご専門部会(2017)『「こうのとりのゆりかご」第4期検証報告書』
警察庁生活安全局少年課(2019)『平成30年における少年非行，児童虐待及び子供の性被害の状況』
警察庁生活安全局少年課長・生活環境課長(2004)「児童の車内放置事案の防止に係るぱちんこ業界への働き掛けの実施について」
「高校生平和大使にノーベル賞を」刊行委員会編(2018)『高校生平和大使にノーベル賞を』長崎新聞社
厚生省五十年史編集委員会編(1988)『厚生省五十年史』厚生問題研究会
厚生省児童家庭局育成課(1974)「児童の虐待，遺棄，殺害事件に関する調査結果」『厚生』第29号
厚生労働省雇用均等・児童家庭局(2004)「児童虐待死亡事例の検証と今後の虐待防止対策について」
厚生労働省雇用均等・児童家庭局総務課(2013)『子ども虐待対応

の手引き(平成25年8月 改正版)』
厚生労働省政策統括官(統計・情報政策担当)(2018)『平成30年我が国の人口動態　平成28年までの動向』
子どもの虐待防止ネットワーク・あいち編(1998)『見えなかった死――子ども虐待データブック』キャプナ出版
小峰茂之(1937)「明治大正昭和年間に於ける親子心中の医学的考察」，小峰研究所編『財団法人小峰研究所紀要　邦文第5巻』
近藤日出夫(2008)「女子少年による嬰児殺の研究」『犯罪社会学研究』第33号，157-176ページ
作田勉(1980)「嬰児殺の研究――現状，分類，対策，母性心理，他」『犯罪学雑誌』第46巻第2号，37-48ページ
三田谷啓(1916)「児童虐待に就て」『救済研究』第4巻第8号
児童虐待防止のための親権制度研究会(2010)『児童虐待防止のための親権制度研究会報告書』法務省
下川耿史編(2002)『近代子ども史年表 1868-1926 明治・大正編』河出書房新社
下川耿史編(2002)『近代子ども史年表 1926-2000 昭和・平成編』河出書房新社
社会保障審議会児童部会・児童虐待等要保護事例の検証に関する専門委員会(2005～2018)「児童虐待による死亡事例の検証結果等について(第1～14次報告)」
杉山春(2013)『ルポ虐待――大阪二児置き去り死事件』ちくま新書
鈴木由利子(2006)「間引きと嬰児殺し――明治以降の事例をてがかりに」『東北学院大学東北文化研究所紀要』第38号，69-87ページ
春原由紀編著・武蔵野大学心理臨床センター子ども相談部門著(2011)『子ども虐待としてのDV――母親と子どもへの心理臨床的援助のために』星和書店
祖父江文宏，安藤明夫，加藤悦子他(1999)「子ども虐待死に関する統計的基礎研究――過去5年間に新聞報道された事件から読み取れる傾向と課題」『安田生命社会事業団研究助成論文集』

第 35 号
高比良由紀著・西川操イラスト(2007)『高校生平和大使――ビリョクだけどムリョクじゃない！』長崎新聞社
滝内大三(1973)「最近の親子心中をとおして見た日本人の子ども観について」『教育』第 23 巻第 6 号
田口寿子(2007)「わが国における Maternal Filicide の現状と防止対策――96 例の分析から」『精神神経学雑誌』第 109 巻第 2 号
田﨑みどり(2016)「AHT／SBS 対応に苦慮している児童相談所の現状について」『子どもの虐待とネグレクト』第 18 巻第 1 号, 23-30 ページ
団士郎(2013)『対人援助職のための家族理解入門――家族の構造理論を活かす』中央法規出版
東野利夫(1993)『南蛮医アルメイダ――戦国日本を生き抜いたポルトガル人』柏書房
特定非営利活動法人シンクキッズ――子ども虐待・性犯罪をなくす会代表理事 後藤啓二・全国犯罪被害者の会(あすの会)代表幹事 松村恒夫(2017)「「子ども虐待死ゼロを目指す法改正」を求める署名の提出と次期国会で法改正の実現を求める要望書」
特定非営利活動法人ほっとスペースゆう(2017)『児童虐待防止への 10 年の歩み――10 年の軌跡とその後を見据えて』
長尾真理子・川﨑二三彦(2013)「「親子心中」の実態について――2000 年代に新聞報道された事例の分析」『子どもの虐待とネグレクト』第 15 巻第 2 号, 164-172 ページ
中橋孝博(2019)『日本人の起源――人類誕生から縄文・弥生へ』講談社学術文庫
奈良県児童虐待対策検討会(2011)『奈良県児童虐待対策検討会検討結果報告書』奈良県
南郷村教育委員会編(1992)『南郷村史資料(23)萬事覚書帳(全)角田藤左衛門』南郷村教育委員会
南部さおり(2010)『代理ミュンヒハウゼン症候群』アスキー新書
南部さおり(2011)『児童虐待――親子という絆, 親子という鎖』教育出版

西本博・藤原一枝(2018)『赤ちゃんが頭を打った，どうしよう !? 虐待を疑われないために知っておきたいこと』岩崎書店
日本子ども虐待防止学会(2018)「虐待死亡の再発防止策の策定に関しての要望書」
日本産科婦人科学会(1966)「第 1 回産科諸定義委員会」『日本産科婦人科学会雑誌』第 18 巻第 9 号，1160 ページ
日本産科婦人科学会(1972)「産科諸定義委員会報告」『日本産科婦人科学会雑誌』第 24 巻第 2 号，171–172 ページ
日本弁護士連合会(2018)「児童虐待死を受けての会長声明」
日本ユニセフ協会(2018)『知っていますか？　SDGs ユニセフとめざす 2030 年のゴール』さ・え・ら書房
毎日新聞児童虐待取材班(2002)『殺さないで――児童虐待という犯罪』中央法規出版
前田均・大島徹・高安達典・斉藤和則・中谷剛・永野耐造(1991)「連続嬰児殺後隠匿死体の剖検例」『犯罪学雑誌』第 57 巻第 5 号，177–182 ページ
牧角俊郎・菅原憲典・古野潤治・藤田幸男(1990)「4 件の 2 連続嬰児殺事件」『法医学の実際と研究』第 33 巻，289–293 ページ
松沢哲郎(2018)『分かちあう心の進化』岩波科学ライブラリー
南会津町役場総合政策課広報情報係(2018)『広報みなみあいづ』4 月号，第 145 号，福島県南会津町
山田不二子(2016)「AHT／SBS の概念と歴史」『子どもの虐待とネグレクト』第 18 巻第 1 号，8–15 ページ
山中伸弥・羽生善治(2018)『人間の未来　AI の未来』講談社
山中龍宏(2015)「チャイルド・デス・レビュー：Child Death Review(CDR)」『日本セーフティプロモーション学会誌』第 7 巻第 1 号，33–37 ページ
養子と里親を考える会編(2016)『里親支援ガイドブック――里親支援専門相談員等のソーシャルワーク』
吉田恒雄編著(2015)『日本の児童虐待防止・法的対応資料集成――児童虐待に関する法令・判例・法学研究の動向』明石書店
ルイス・フロイス，松田毅一・川崎桃太訳(2000)『完訳フロイス

日本史2　信長とフロイス――織田信長編 II』中公文庫
我が国におけるチャイルド・デス・レビューに関する研究班(研究代表者：小林美智子)(2013)『提言 子どもの死亡予防のためのチャイルド・デス・レビュー創設のためのガイドライン』(厚生労働科学研究費補助金　平成24年度政策科学総合研究事業「我が国におけるチャイルド・デス・レビューに関する研究」)
渡辺富久子(2014)「ドイツにおける秘密出産の制度化――匿名出産及び赤ちゃんポストの経験を踏まえて」『外国の立法』第260号，65-82ページ
Funayama, M. & Sagisaka, K.(1988)"Consecutive infanticides in Japan", *Am J Forensic Med Pathol*, Mar; 9(1), pp. 9-11.

川﨑二三彦

1951年岡山県生まれ．京都大学文学部哲学科卒業．以後32年間，児童相談所に勤務．心理判定員(児童心理司)を経て児童福祉司となる．2007年4月から子どもの虹情報研修センター(日本虐待・思春期問題情報研修センター)研究部長となり，2015年4月からセンター長．

著書に『児童虐待――現場からの提言』(岩波新書)，『「虐待」親子心中――事例から考える子ども虐待死』(編著)，『日本の児童虐待重大事件 2000-2010』(共編著)(以上，福村出版)，『日本の児童相談――先達に学ぶ援助の技』(共編著)，『子ども虐待ソーシャルワーク――転換点に立ち会う』(以上，明石書店)など

虐待死 なぜ起きるのか，どう防ぐか

岩波新書(新赤版)1784

2019年7月19日 第1刷発行

著 者 川﨑二三彦《かわさきふみひこ》

発行者 岡本 厚

発行所 株式会社 岩波書店
〒101-8002 東京都千代田区一ツ橋2-5-5
案内 03-5210-4000 営業部 03-5210-4111
https://www.iwanami.co.jp/

新書編集部 03-5210-4054
http://www.iwanamishinsho.com/

印刷・三陽社 カバー・半七印刷 製本・中永製本

ISBN 978-4-00-431784-5 Printed in Japan

岩波新書新赤版一〇〇〇点に際して

ひとつの時代が終わったと言われて久しい。だが、その先にいかなる時代を展望するのか、私たちはその輪郭すら描きえていない。二〇世紀から持ち越した課題の多くは、未だ解決の緒を見つけることのできないままであり、二一世紀が新たに招きよせた問題も少なくない。グローバル資本主義の浸透、憎悪の連鎖、暴力の応酬――世界は混沌として深い不安の只中にある。

現代社会においては変化が常態となり、速さと新しさに絶対的な価値が与えられた。消費社会の深化と情報技術の革命は、種々の境界を無くし、人々の生活やコミュニケーションの様式を根底から変容させてきた。ライフスタイルは多様化し、一面では個人の生き方をそれぞれが選びとる時代が始まっている。同時に、新たな格差が生まれ、様々な次元での亀裂や分断が深まっている。社会や歴史に対する意識が揺らぎ、普遍的な理念に対する根本的な懐疑や、現実を変えることへの無力感がひそかに根を張りつつある。そして生きることに誰もが困難を覚える時代が到来している。

しかし、日常生活のそれぞれの場で、自由と民主主義を獲得し実践することを通じて、私たち自身がそうした閉塞を乗り超え、希望の時代の幕開けを告げてゆくことは不可能ではあるまい。そのために、いま求められていること――それは、個と個の間で開かれた対話を積み重ねながら、人間らしく生きることの条件について一人ひとりが粘り強く思考することではないか。その営みの糧となるものが、教養に外ならないと私たちは考える。歴史とは何か、よく生きるとはいかなることか、世界そして人間はどこへ向かうべきなのか――こうした根源的な問いとの格闘が、文化と知の厚みを作り出し、個人と社会を支える基盤としての教養となった。まさにそのような教養への道案内こそ、岩波新書が創刊以来、追求してきたことである。

岩波新書は、日中戦争下の一九三八年一一月に赤版として創刊された。創刊の辞は、道義の精神に則らない日本の行動を憂慮し、批判的精神と良心的行動の欠如を戒めつつ、現代人の現代的教養を刊行の目的とする、と謳っている。以後、青版、黄版、新赤版と装いを改めながら、合計二五〇〇点余りを世に問うてきた。そして、いままた新赤版が一〇〇〇点を迎えたのを機に、人間の理性と良心への信頼を再確認し、それに裏打ちされた文化を培っていく決意を込めて、新しい装丁のもとに再出発したいと思う。一冊一冊から吹き出す新風が一人でも多くの読者の許に届くこと、そして希望ある時代への想像力を豊かにかき立てることを切に願う。

（二〇〇六年四月）